하버드는 왜
독해력에
주목하는가

하버드는 왜 독해력에 주목하는가

초판 1쇄 발행 2022년 5월 25일
개정판 1쇄 발행 2025년 5월 27일

지은이 송숙희
펴낸이 김영범

펴낸곳 ㈜북새통·토트출판사
주소 (03955)서울특별시 마포구 월드컵로36길 18 902호
대표전화 02-338-0117
팩스 02-338-7160
출판등록 2009년 3월 19일 제315-2009-000018호
이메일 thothbook@naver.com

ⓒ송숙희, 2022, 2025
ISBN 979-11-94175-22-3 03320

AI 시대 필수 역량 '비판적으로 읽기'의 힘

하버드는 왜 독해력에 주목하는가

송숙희 지음

토트

책을 읽을 줄 아는 사람들에게만 허용된 성공 호르몬, 독讀파민

당신이 읽는 내용에 놀라지 말고 그것을 읽을 수 있다는
그 기적에 놀라서 숨이 막히길 바란다.

- 블라디미르 나보코프

안녕하세요! 밥 먹고 하는 일이 책을 읽거나 책을 읽으라 권하거나
또 책을 쓰거나 책을 쓰라 조르거나가 전부인, 책사(冊士) 송숙희입니
다. 먼저 '읽기 뇌'를 자극하는 퀴즈부터 풀어 볼까요?

퀴즈 1. 피아니스트 임윤찬, 마술사 최현우, 손흥민 아버지 손웅정,
　　　　개그맨 고명환, 헤어디자이너 강윤선, 외식사업가 김승호, 이
　　　　들의 공통점은 무엇일까요?
퀴즈 2. 벤저민 프랭클린, 워런 버핏, 빌 게이츠 같은 미국의 영웅들
　　　　이 매일 1시간 이상 꼭 하는 일은 무엇일까요?

첫 번째 퀴즈의 정답은 이들 모두 '책읽기 전도사'라는 것입니다. 이들을 비롯하여 다양한 직업군의 사람들이 책읽기가 자신의 성공의 비법이라고 입을 모읍니다. 두 번째 퀴즈의 정답은 '책읽기'입니다. 미국을 상징하는 이들은 하루 30분 이상 책을 읽는 것이 일상 루틴입니다.

이 책을 쓰게 된 세 가지 이유

『하버드는 왜 독해력에 주목하는가』는 3년 전 선보인 『부자의 독서법』 확장판이라 할 수 있습니다. 『부자의 독서법』도 많은 독자들의 선택을 받았지만 그 내용을 증보하고 확장하여 이 책을 집필하게 된 데는 몇 가지 이유가 있습니다.

『부자의 독서법』에서는 '세계적인 부자들이 돈을 벌고 지키고 불리기 위해 죽자고 책을 읽는다, 그러니 부자가 되려면 부자들처럼 책을 읽자'고 했습니다. 이후 우리나라의 부자들도 책읽기가 일상의 중심에 있다는 조사 결과가 나왔습니다. 하나금융연구소 자료에 따르면 한국 부자들에게 책읽기는 일상이고 휴식입니다. 부자들은 1년에 약 10여 권의 책을 읽는데, 금융 자산 100억 원 이상의 슈퍼리치는 그보다 두 배 더 읽습니다. 부자들이 인문사회서, 경제경영서를 많이 읽지만 부자 아닌 사람들은 소설이나 자기계발서를 주로 읽습니다. 그런데 1년에 책을 한 권도 안 읽는 성인이 절반이나 됩니다. 부자들은 아무리 바빠도 매일 책을 읽습니다. 부자 아닌 사람들에게 책읽기는 이벤트지만 부자들에게 책읽기는 부를 만들고 지키고 가꾸는 핵심 비결인 것입니다.

책읽기를 '하이엔드 취미'로 여기는 MZ 세대들이 폭증한 점도 이 책을 쓰게 된 계기입니다. 하이엔드(High-end)는 '높은 끝', 최고급을 의미합니다. 책읽기는 오랫동안 부와 권력을 거머쥔 부자나 귀족들에게나 허용되던 고상한 취미였는데, 눈치 빠른 MZ 세대들이 이것을 탐하게 된 것이죠. 이런 현상을 입증이라도 하듯, 서울국제도서전에 MZ 청년들이 몰려들었고. 그들의 입에서 '텍스트 힙(Text-Hip)'이라는 말이 번졌습니다. 책을 뜻하는 텍스트와 멋지다는 의미의 힙이 합해진 신조어인데, 책을 읽는 행위를 아주 멋지게 여기는 것을 말합니다. '독서는 자신의 인생에서 가장 럭셔리한 것이며 자신을 행복하게 하는 인생의 럭셔리'라고 한, 샤넬의 디자인 총책임자를 지낸 칼 라거펠트의 말을 이해하고 실행하는 2030 세대들입니다. 이 멋진 친구들에게 '독서'의 엔진은 독해력임을 말해주고 싶었습니다.

이 책을 쓰게 된 마지막 이유는 '도둑맞은 집중력'으로 인해 모두의 일과 삶이 한없이 힘들어졌기 때문입니다. 일터에서 AI와 협력하는 능력이 요구되면서 깊게 생각하는 능력이 더욱 중요해졌지만 스마트폰과 SNS에 지배된 뇌는 오히려 자극에만 반응하는 팝콘처럼 변하고 말았습니다. 이런 치명적인 문제를 해결하는 방법으로 매사추세츠공대(MIT) 로봇 공학자 김상배 교수는 책읽기를 제안합니다. 챗GPT류 인공지능이 생성하는 오류투성이 결과물을 선별하여 사용하려면 그동안 습득한 지식을 바탕으로 깊게 생각하는 능력이 필수적인데, 이 능력은 책읽기로만 가능하다고 강조합니다. 김상배 교수가 말한 독서는 책을 읽는 행위 자체가 아니라 독해력을 가리킵니다.

"인터넷에 검색하면 안 나오는 정보가 없고, 심지어 창작까지 해주는 AI 시대에 책은 더더욱 쓸모가 없어진 것 같다. 그런데도 굳이 돈과 시간을 들여 책을 읽어야 할까?"

이렇게 질문하는 이는 X 팔로워 140만, 일본의 가장 영향력 있는 뇌 과학자 모기 겐이치로입니다. 그는 이런 설명으로 자신의 질문에 답합니다.

"AI에 대체되지 않는 사람은 자신만의 기준을 갖고 스스로 생각하는 사람이다. 이를 위해 독서가 반드시 필요하다. 디지털 세계의 쏟아지는 정보들 사이에선 오히려 이전보다 더 '자신만의 기준'이 필요해졌고, 보이지 않는 알고리즘 속에 갇히지 않기 위해 우리는 더 적극적으로 '자기 내면의 세계와 안목을 확장할 필요'가 생겼기 때문이다."

그런 것들을 인터넷을 통해서도 습득할 수 있겠지만, 우리의 뇌는 휘발성이 강한 디지털 정보보다 텍스트 정보를 선호하기 때문에 책을 읽어야 한다고 주장합니다. 책을 읽으면 뇌에 저장된 정보를 소환하여 재구성하는 과정을 거치게 되므로 스스로 생각하게 되고 이런 점에서 책이 인터넷보다 훨씬 효율이 좋다고 강조합니다.

이런 몇 가지 이유들을 추동력 삼아 책을 쓰면서 참 다행이라는 생각을 했습니다. 너무 늦지 않게 독해력의 중요성을 당신에게 전하게 되어서요. 중요한 것은 눈에 보이는 '독서'라는 행위가 아니라 책을 보다 잘 읽고 이해하고 활용하는, '눈에 보이지 않는' 독해력입니다. 책을 좋아한다고, 자주 접한다고, 책속의 문장을 필사하고 SNS에서 전파한다고 독해력이 길러지는 않습니다. 부자들이 그 비싼 시간을 할애하여 책을 읽으며 얻는 효과들은 이런 표면적인 행위와는 무관합니다. 오히려 독서라는 행위에 매몰되고 그 행위가 주는 매력에 가려져 독해력을 키울 타이밍을 놓친다면, 그리하여 독해력이 갈수록 빈곤해진다면 마침내 살아가는 힘을 잃을지도 모르니까요. 이 책으로 당신에게 독해력을 선물하려 합니다. 부자들처럼, 책을 읽는 사람들에게만 분비되는 성공 호르몬 '독讀파민'을 선물합니다.

독서와 관련된 유행은 앞으로도 계속 바뀔 겁니다. 하지만 독서가 인류의 가장 오래된 자기계발 수단이라는 사실은 바뀌지 않습니다. 독서의 핵심은 독해력이며, 독해력이 인류 발전의 근본적인 원동력이 되어 준 정보 네트워크의 근간이라 하는 사실도 바뀌지 않습니다 (유발 하라리 『넥서스』). 기술의 발전에 따라 정보를 담아내는 매체는 계속 변하겠지만 스토리텔링과 정보 공유의 근본적인 역할은 여전히 중요할 테고, 정보 네트워크는 독해력이라는 엔진 없이는 작동하지 않을 테니까요.

독해력 없는 책읽기는 이벤트일 뿐이며 독해력이 작동하지 않는 책읽기 이벤트로는 어떤 변화도 기대할 수 없습니다. AI 시대 경쟁력의 핵심에 독해력이 있습니다. AI 시대의 시간, 돈, 에너지, 힘을 가져다 줄 부와 성공을 만들고 지키고 키우려면 부자들처럼 책을 읽으세요. 독해력을 가지세요. 너무 늦지 않기를 빕니다.

부자처럼 읽고 부자처럼 써먹는 AI 시대 구명조끼, 독해력

AI가 열어젖힌 새로운 시대에는 독해력이 부와 성공을 위한 단 하나의 마스터키입니다. AI 생성물을 읽고 이해하고 활용하는 '독해력' 없이는 그 성과도 성취도 성공도 불가합니다. 『부자의 독서법』은 부와 성공을 만드는 전략적 책읽기의 노하우를 전하여 많은 독자의 선택을 받았습니다. 확장판인 『하버드는 왜 독해력에 주목하는가』에서 소개하는 독해력 키우기 솔루션은 당신의 일과 삶을 업데이트하는 부자머리를 갖게 합니다.

빌 게이츠와 워런 버핏은 돈으로 살 수 없는 '초능력'을 갖고 싶어 했습니다. 책을 빨리 제대로 읽는 능력입니다. 빌 게이츠가 시간당 책을 읽으면 그 비용이 300억 원, 워런 버핏은 246억 원이나 됩니다. 이들이 갖고 싶어 한 초능력은 그들이 투자한 독서 시간을 돌려받기 위한 핵심 기술 즉, 독해력입니다. 독해력은 또한 지금껏 그들을 부자로 만들어 준 부자머리의 핵심이기도 합니다.

부자처럼 읽고 부자처럼 생각하고 부자처럼 부를 일구고 성공하세요. 『부자의 독서법』을 이미 읽은 분이라도 이 책은 전혀 다른 책으로 읽힐 겁니다. 그게 독해력 가진 사람의 능력이거든요. 부자들이 탐낸 초능력, 독해력은 읽을 때마다 다른 것을 읽고 보고 배우는 능력이기도 하거든요.

역사상 최악의 독해력-내 아이는 괜찮을까?

다음 문단은 공부법을 다루는 유명한 유튜버가 작성한 것입니다.

역사상 최악의 독해력 - 내 아이는 괜찮을까?

공부법 전문가들은 이 제목의 영상이 공개된 2022년 당시 중3 즉 예비고등학생이 '역사상 최악의 독해력 바보'라 생각했다 합니다. 코로나19 팬데믹으로 인해 2년 넘는 기간 동안 비대면 수업을 하는 바람에 학생들의 독해력 계발이 불가능했다는 것이 이유입니다. 계산해 보니, 2022년에 중3이면 2025년에는 수능을 봐야 합니다. 2023년 5월, 우리는 마스크를 벗었지만 이 시기에 초등 고학년부터 중학교를 다닌 운 나쁜 학생의 독해력은 어떻게 해야 만회할 수 있을까요? 당신의 아이는 어떤가요?

서울대생들이 제일 어려워하는 과목이 국어라지요. 국어뿐 아니라 모든 공부는 독해력이 기본입니다. 독해력이 취약해지면 다른 공부는 말할 것도 없습니다. 저는 이 책을 자녀와 함께 읽으시라 권합니다. 초등 5학년만 되어도 이 책을 거뜬하게 읽을 수 있습니다. 요즘 교과서 수준이 꽤 높거든요. 최근 미국은 청소년의 스마트폰과 소셜미디어 중독 정도를 '주머니 속의 헤로인' '담배나 총기보다 더 위험한 것' '정신건강 감염병'이라고 표현하며 경각심을 높입니다. '좋아요'와 같은 플랫폼의 소셜 기능이 도파민 분비를 조작하도록 설계됐다고 비난합니다. 그런가 하면 우리나라 서울대와 의학 계열 대학 재학생 즉, 최상위 1퍼센트 대학생들이 입시에 있어 중요하고 어려운 과목으로 꼽은 것도 국어라고 합니다. 실제로 월평균 초등 사교육비 지출이 가장 빠르게 증가하고 있는 과목도 국어라고 하지요. 수능에서 고난도 문제가 출제되면서 독해력 향상을 위한 투자가 대폭 늘었다고 합니다. 수능 최상위 1퍼센트 학생 설문 참여자 60퍼센트는 초등 시절 국어 학원에 다니지 않았고, 대신 독서를 많이 했다고 증언합니다. 독서 자체가 아니라 독서를 통해 독해력을 키운 것입니다.

무엇보다 수능시험에서 논·서술형 문제 출제하는 개편안이 거듭 언급되는데, 생각하는 힘과 창의적 문제해결력을 키우기 위해서라는 의도를 감안하면 조만간 시행될 겁니다. 독해력을 갖추지 않으면 높은 점수는커녕 문제도 이해하지 못해 좌절합니다. 더 위험한 것은 독해력은 다른 귀한 능력들처럼 하루아침에 키워지지 않는다는 거죠. 그러니 이참에 이 책으로 가정에서 독해력부터 키워 주세요. 자녀에게 '부자머리 독해력'을 선물하세요. 청소년기 우리 아이들은 호르몬이 인생의 모든 것을 바꿉니다. 주의력과 집중력이 걷잡을 수 없이 빠르게 방전되고 있는 아이들에게 독파민을 충전해 주세요.

"중요한 건 목적지가 아니다. 그곳에 도착했을 때 당신이 어떤 사람인가다."

철학자 세네카의 말입니다. 책읽기에서도 정작 중요한 것은 목적지에 닿는 것이 아닙니다. 단순히 많은 책을 읽거나 완독했다는 것은 그리 중요하지 않습니다. 그 여정을 통해 책을 읽기 전에 비해 어떤 변화가 있었는지, 그 과정을 통해 어떤 사람으로 성장했는지가 중요합니다. 독서는 몇 쪽, 몇 구절, 몇 자 읽는 단순한 행위가 아니라 사고를 확장하고, 삶의 태도와 가치관을 형성하며, 이러한 경험과 배움을 통해 자신을 더 나은 방향으로 변화시키는 도구이니 말입니다. 이것이 독해 능력을 발휘하여 책 읽는 사람이 닿는 궁극의 목적지입니다.

당신의 책사(冊士), 송코치

목차

AI 시대의 지성, 독해력이 완성한다

PART 1

AI 시대의 지성,
독해력이 완성한다

ChatGPT는 실수를 할 수 있습니다.
중요한 정보를 확인하세요.

— 챗GPT 경고문

AI 시대의 구명조끼,
부자머리 독해력

한 그룹의 지주회사로부터 제법 큰 규모의 교육을 요청받았습니다. 그룹 회장, 계열사 경영진 및 간부급 300여 명이 대상이었습니다. 코로나19 팬데믹이 언제 끝날까 묻곤 하던, 생성형 AI가 출현하여 세상을 한 번 더 뒤집은 이듬해인 2023년 초의 일입니다. 교육 담당자와 협의하면서 나는 두 번이나 놀랐습니다. 나에게 한 요청이, 글쓰기나 책쓰기 교육이 아니고 문해력 교육도 아닌, '독해력 개선과 향상'에 초점을 맞춰 달라는 것이었기 때문이죠. 더욱 놀란 것은 교육 대상이었습니다. 대학생활 거의 대부분을 코로나19 팬데믹으로 보낸, 그래서 소통 능력과 글쓰기 기술이 취약한 신입 직원이나 직무 능력 향상이 필요한 승진 대상자 같은 일반 직원들이 아니라 경영진 대상 교육이었거든요. 이내 궁금해졌습니다. 업계 선두를 다투는 그룹사 임원이나 관리자급 간부라면 자기 분야에서 나름 잘나가는 성공한 사람일 테고, 이런 사람들은 대개 읽고 쓰고 생각하는 능력이 탁월하잖아요? 잘 읽고 잘 써야 일을 잘 하니까요. 실제로 내가 만난 대부분의 고위급 인사들은 읽기를 좋아하고 늘 읽으며 그들의 삶의 한복판에는 항상 읽다 덮어 둔 책이 놓여 있는 것을 보곤 했으니까요. 기업 측의 답변은 이랬습니다.

"이 분들은 물론 잘 읽는다. 문제는 그동안 읽어 온, 우리 자료만 잘 읽는다는 것이다. 최근과 같은 급변하는 경영 환경을 이해하고 선제적으로 대책을 세우려면 다양한 자료를 읽고 이해하고 인사이트를 건져 올려 활용하는 능력이 필요하다."

경영진들이 달라진 세상이 요구하는 새로운 차원의 의사결정 능력을 발휘하여 신속한 경영을 하려면 문제해결에 필요한 전에 없던 통찰이 필요하고, 그러기 위해서는 지식을 읽고 이해하고 소화하는 능력이 필요한데, 이를 가능하게 하는 전방위적인 독서 능력이 부족하다, 이것이 교육을 기획한 배경이라고 설명했습니다. 격변하는 세상에서 경험한 적 없는 문제를 다뤄야 하는 문제해결능력이 더욱 중요해졌음을 인식하고 그 솔루션으로 독해력을 짚어낸 '회장님'의 혜안에 마지막으로 놀랐습니다.

코로나19 팬데믹으로 온라인에서 읽고 쓰기가 일반화되면서 독해력이 유능함의 기준으로 부각되었습니다. 직장 업무 대부분이 메신저나 이메일로 이뤄집니다. 모두 텍스트 기반 소통 채널입니다. 숏폼

영상 콘텐츠가 대세여도 일과 일상에서는 텍스트로 소통합니다. 그러니 읽지 못하면 일을 하지 못합니다. 텍스트를 읽고 이해하여 활용하는 독해력을 발휘하면 생산성이나 성과는 문제가 되지 않습니다. 독해력 없이는 생산성이나 성과가 문제조차 되지 않습니다. 아예 일을 할 수 없을 테니 말입니다.

독해력이란 글로 쓰인 콘텐츠를 읽고 이해하여 활용하는 능력입니다. AI 시대에는 읽기도 쓰기도 AI가 거의 해줄 것이고, 우리에게 남은 것은 AI가 우리를 대신하여 수집해 준 텍스트 콘텐츠가 의도에 부합하는 의미 있는 결과물인지를 살피고 거르고 고치고 다듬고 하는 것인데, 이러한 능력이 바로 독해력입니다.

코로나19 팬데믹은 독해력의 중요성을 더욱 부각시켰습니다. 너무도 자연스럽게 급속도로 디지털 대전환이 일어났고 우리의 일과 일상은 온라인으로 옮겨졌지요. 웹페이지 기반의 온라인에서 일하고 산다는 것은 텍스트와 씨름하는 것이었습니다. 일터에서는 메신저와 이메일이 소통의 전부였고 일상을 장악한 영상 채널 유튜버도 이미지 채널 인스타그램도 최소한의 텍스트로 구동되었습니다. 업무 전반이 슬랙, 잔디 같은 텍스트 기반의 메신저 협업 툴에 전적으로 의존하게 되면서 텍스트를 빨리 정확하게 읽고 이해하고 요약하여 전달하고 처리하는 능력이 크게 요구되었지요. 독해력 말입니다. 개인 간의 소통도 왓츠앱, 카카오톡류의 메신저로 이뤄지면서 독해력은 때와 장소를 가리지 않고 중요해졌습니다.

기업이든 개인이든 일에서든 일상에서든 독해력 부재는 생존을 위협합니다. 하지만 우리의 독해력 평균은 스마트폰 배터리 잔량에 비유하면, 거의 바닥입니다. 스마트폰을 끼고 살면서 디지털 읽기와 숏폼 콘텐츠에서 눈을 떼지 못하는 습관에 집중력을 도둑맞으며 독해력은 복구 불가능한 치명적인 상태가 되고 말았습니다. 숏폼에 특화된 뇌는 3줄 이상 읽기 힘들어하고, 제대로 읽지 못하니 AI가 쏟아내는 '아무말 대잔치'도 가짜 뉴스도 허위 정보도 걸러내지 못하는 독해 부전증으로 너도나도 위독합니다. 대기업 경영진들에게 독해력 교육이라는 자가 처방이 필요했던 것을 보면 지위가 높고 연봉을 많이 받는 사람들이라고 예외는 아닌 모양입니다.

하버드 대학교는 왜 400년 동안이나 독해력에 주목해 왔나

'사람 잡는 글쓰기'는 한 통신기업이 발간한 커뮤니케이션 가이드
북 제목입니다. '쉽고 바른 글쓰기로 고객의 마음을 사로잡는다'는
긍정적 의미와 '글쓰기는 너무 어렵고 힘들다'는 부정적 의미를 이중
으로 담고 있습니다. 통신 용어인 잔존가액, 혜택 비대상 요금제 같
은 표현은 한자어, 외래어, 전문 용어가 뒤섞여 소비자에게 '외계어'
처럼 읽힙니다. 통신기업들은 이러한 문제를 해결하기 위해 문구를
소비자가 단번에 이해할 수 있도록 개선하는 노력을 이어가고 있습
니다. 다른 통신기업은 'AI 고객 언어 변환기'를 도입해 임직원의 문
구를 고객 관점에서 맞춤형으로 변환합니다. 이 같은 변화는 1950년
대 미국에서 시작된 평이한 언어(plain language) 캠페인의 일환으로
볼 수 있습니다. 목표는 간결하고 명확한 글쓰기입니다.

나는 『프랭클린 글쓰기 비법』을 쓰며, 벤저민 프랭클린이 〈평이한
언어 운동〉의 원조임을 확인했습니다. 무학의 14살 인쇄 견습공이었

던 프랭클린은 글쓰기를 독학으로 익혀 자수성가했고, '독자가 읽고 싶어 하는 내용을 쉽고 간결하게 써야 한다'는 원칙을 주장합니다. 이후 미국 정부와 산업계는 오랜 시간 이 원칙을 계승하여 발전시켰지요. 대학들도 이 원칙을 기초로 글쓰기 기본기를 갖춘 졸업생을 길러냅니다. 사람 잡지 않는 글쓰기, 평이한 글쓰기 원칙은 1970~80년대 미국 금융계가 받아들이는데, 금융감독기관(SEC)이 투자 설명서 등 금융 문서에 평이한 언어 사용을 의무화합니다. 『평이한 글쓰기 핸드북 *SEC Plain English Handbook*』(1998) 발간이 그 성과입니다. 유럽연합도 2008년 '명확한 글쓰기 운동(Clear Writing Campaign)'을 시작합니다. 이어 2010년 미국 정부에서는 'Plain Writing Act'를 제정하여 공공 커뮤니케이션에서 평이한 언어를 사용하도록 법제화합니다. 이로써 프랭클린의 글쓰기 원칙에서 시작한 평이한 언어 캠페인은 공공성과 법적 강제력까지 갖춥니다. 평이한 글쓰기에 대한 집요한 노력은 2023년, 국제표준화기구(ISO)에서 ISO 24495-1이라는 코드명으로 〈평이한 글쓰기 세계표준〉을 채택하는 것으로 열매를 맺습니다. 이 표준은 평이한 글쓰기, 즉 독자가 쉽게 이해할 수 있는 글을 작성하는 구체적인 원칙과 세부적인 지침을 제시합니다.

평이한 글쓰기 관련 긴 역사를 탐구하며 나는 미국이 평이한 글쓰기에 집착하는 이유를 알게 되었습니다. 조직 구성원의 글쓰기가 부실하면 생산성 저하와 막대한 비용 손실로 직결되기 때문입니다. 이런 이유로 ISO 평이한 글쓰기 세계표준은 '독자의 읽기 수준과 관계

없이 읽히는 글을 쓰라'고 선언합니다. 평이한 글쓰기 세계표준이 채택된 때와 맞물려 챗GPT 같은 생성형 AI가 기세 좋게 일과 일상으로 파고듭니다. 무슨 글이든 척척 써 주는 인공지능을 일상으로 받아들이게 되었습니다.

하버드 대학교 400년 읽기 교육

이제 '쉽게 쓰고 쉽게 읽히는 글'의 시대입니다. 이 선언은 이런 질문을 동반합니다.

> "쉬운 글의 시대에 독해력은 여전히 중요한가? 이제 누구도 읽기 위해 노력하지 않아도 되는 거 아닌가?"

질문에 대한 나의 답을 확인하기 위해 하버드 대학교 홈페이지에 접속했습니다. 하버드는 1636년 설립 이래 읽기 교육에 집중했습니다. 1872년부터 신입생에게 '논증적 글쓰기(Expository Writing)'를 필수 과목으로 지정했는데, 이 글쓰기 교육은 하버드가 개교 초기부터 중시해 온 읽기 교육 전통 위에 세워졌습니다. 하버드는 목회자를 길러낸다는 창립 이념에 맞춰 설립 초창기부터 성경 해석과 신학 논쟁을 위해 엄격한 독서와 토론을 강조했습니다. 라틴어 문헌 읽기와 해석 능력은 입학시험에서도 필수였으며, 실제로 키케로의 글을 즉석에서 라틴어로 해석할 수 있어야 입학이 허가되었다지요. 대학으로서 공식 인가를 받은 1650년 헌장에서 하버드는 '모든 좋은 문학, 예술, 과학의 증진'을 사명으로 명시했고, 19세기 찰스 엘리엇 총장 시절부터는 읽기·쓰기 능력을 핵심 교육 목표로 삼으며 종교 중심 교육을 넘어 학문적 자유를 확대했습니다.

읽기에 대한 하버드의 노력은 캠퍼스를 넘어 읽기 능력의 토대를 쌓아야 하는 초등학생에게까지 미칩니다. 하버드는 2024년, 미국 교육부로부터 약 800만 달러의 보조금을 받아 독해력 향상을 위한 MORE(Model of Reading Engagement) 프로그램을 확대합니다. MORE는 초등학생의 읽기 이해력 향상을 위한 프로그램으로 어휘력, 배경지식 강화, 협동 학습, 복잡한 텍스트에 대한 고차원적 토론 등을 포함해 읽기 능력을 체계적으로 향상시키는 것이 목표입니다. 정부의 보조금으로 하버드는 이 프로그램의 대상을 20,000명 이상, 13학년에서 14학년으로 확대했습니다.

하버드의 읽기 교육 전통과 집착을 확인하면서 내 안에서는 어떤 확신 하나가 자리 잡습니다. 단순한 해독이 아니라, 끊임없이 텍스트를 해부하고 맥락을 짚어내며, 반박이 필요한 주장을 걸러내는 읽기 능력의 중요성이 축소될 일은 절대 없다는 것이죠. 하버드는 읽기를 단순한 텍스트 해독으로 보지 않습니다. 하버드가 정의하는 읽기는 비판적 사고와 지식 기반 이해력 강화의 과정입니다. 하버드는 그래서 해마다 신입생에게 '6가지 읽기 습관'을 제시합니다; 미리 훑어보기, 주석 달기, 개요 작성과 요약, 반복과 패턴 찾기, 맥락화하기, 비교 및 대조. 이 습관은 단순한 읽기를 넘어 능동적이고 비판적인 읽기를 요구합니다. 생성형 AI 시대가 열리자 하버드는 오히려 읽기와 요약 과제를 더욱 강화했습니다. 학생들이 AI 생성물을 비판적으로 분석하며 사고력을 키우게 하려는 전략입니다. 요약하면, 하버드는 개교 이후 400년 가까운 세월 동안 읽기 능력, 즉 비판적 독해력을 학생들의 핵심 역량으로 삼아 왔습니다. 하버드는 이 능력을 기르기 위해 학생들의 읽기 훈련을 소홀히 하지 않습니다. 하버드는 '독해력'을 읽기 능력을 넘어 생존력으로 보기 때문입니다.

쉬운 글의 시대, 승부수는 독해력

하버드 대학교 홈페이지에서 빠져나오며 나는 하버드는 (물론 다른 어떤 명문 대학들도) 학생들의 깊이 읽기를 양보하지 않음을 확인합니다. 동시에, 생성형 AI에 읽기와 쓰기를 내어주고, 쉽고 가벼운 글만 골라 읽는 '쉬운 글의 시대'에 오히려 독해력이 승부수임을 확신합니다. 글은 쉬워졌지만, 정보는 넘쳐나고, 오류와 왜곡은 더 심각해졌으니까요. 쉽게 읽는 데 익숙해진 독자일수록 진짜 중요한 것은 허위 정보를 가려내고, 핵심을 포착하며, 방대한 정보 속에서 요점을 뽑아내고, 간결한 문장에 감춰진 필자의 의도를 짚어내는 깊이 있는 읽기가 필요하니까요. AI가 써 주는 글, 알고리즘이 던져주는 정보 속에서 진짜를 걸러낼 힘은 오직 독자의 독해력뿐이니까요.

아무리 쉬운 글이 쏟아져도, 아무리 글쓰기가 쉬워져도, 독해력을 지키고 키우고 활용하여 진짜 읽기에 도달하는 것은 여전히 독자의 몫입니다. 하버드는 이러한 능력을 갖춘 독자를 키워내기 위해 학생들의 읽기에서 눈을 떼지 않습니다. 이것이 하버드가 400년 동안이나 학생들의 독해력에 주목하는 이유입니다.

하버드 대학교에서 챗GPT 등장 이후 더욱 독해진 독해력 수업

나는 탄탄한 독해력으로 부와 성공을 만들고 지키고 키워 온 사람들을 알고 있습니다. 많은 사람들이 쉽고 빠르게 돈 번다며 투자 노하우 '마법의 알약'을 찾아다닐 때 이 사람들은 신문을 읽고 책을 읽고 기업 자료를 죽자고 읽어댔습니다. 세상은 이를 '부자'라 합니다. 부자들은 읽기의 달인이 아니라, 책이든 글이든 거침없이 읽고 정확하게 파악하고 막힘없이 활용하는 '독해력 천재'입니다.

미국의 회계법인 대표이면서 부자 연구가인 토머스 콜리. 그가 2억 원가량 또는 그 이상의 연봉을 받는 사람, 33억 원 이상의 유동자산을 가진 부자들을 수백 명 만나본 결과, 부자들 88퍼센트는 하루 30분 이상 책을 읽습니다. 그들은 종이신문이나 뉴스를 읽고 책을 읽으며 자신만의 '아침 루틴'을 즐깁니다.

우리나라 부자들은 어떨까요? 우리나라 부자들도 아침 루틴으로 책을 읽습니다. 일상 루틴의 중심에 독서가 있기는 우리나라 부자들도 마찬가지입니다. 물론 운동과 산책을 즐기기도 하지요. 하나금융경영연구소는 "부자들은 아무리 바빠도 신문 읽기와 독서를 게을리하지 않는다"며 "자산 규모가 커질수록 신문이나 뉴스를 많이 보는 것도 부자의 특징"이라고 분석합니다. 정보 전달 매체가 동영상, 쇼츠 등으로 다양해졌지만 재테크를 잘하는 부자는 '활자'에서 세상을 바라보는 안목을 키우고 투자 정보를 얻는다고 전합니다. 부자의 특성은 세계적으로든 한국적으로든 다를 게 없습니다(하나금융경영연구소, 2024 대한민국 웰스리포트).

부자들처럼 부를 만들고 성공하는 능력을 '부자머리'라 하겠습니다. 이 부자머리는 독해력으로 만들어집니다. 부자머리 독해력은 비판적 읽기입니다. 비판적 사고력을 동원하는 읽기 말입니다. 비판적 사고는 의도에 맞게 의미 있는 결과를 내기 위해 주어진 자료를 분석하고 평가하여 합리적인 결론을 도출하는 의식적인 사고능력을 말합니다. 문제를 분석하고 이해하여 아이디어를 만들고 문제를 해결하는 사고능력입니다. 그러므로 비판적 사고가 가능하면 데이터에 기반을 둔 의사결정 능력이 강화되며 복잡한 문제를 해결하는 능력을 갖추게 됩니다(송숙희 『150년 하버드 사고력 수업』). 비판적으로 읽는 능력, 독해력은 내용을 이해하며 읽기, 내용을 분석하고 검토하며 읽기 또 그 내용을 읽는 자신에 대한 읽기를 포함합니다.

비판적으로 읽는 능력, 독해력은 '진짜'에 대한 감수성이 예민합니다. 쓰인 대로 믿지 않습니다. 확인하고 점검합니다. 인공지능이 쏟아내는 '아무말'이나 가짜 뉴스, 허위 정보에 휘둘리지 않습니다.

비판적으로 읽는 능력, 독해력은 결과적으로 원하는 삶을 사는 데 필요한 부를 만들고 지키고 키우는 부자머리를 갖게 합니다.

하버드 대학교는 생성형 AI가 글쓰기도 대신 해주게 되자 학생들의 독해력 개발에 더욱 집중합니다.

"무언가를 읽고 요약하는 과정은 글쓰기의 근간이 되는 작업이지만 요즘에는 그것마저도 챗GPT가 대신 해주고 있죠. AI를 사용해서 결과물을 만들어 낼 수 있더라도 학생 본인이 직접 텍스트를 읽고 요약하는 과정 그 자체에 의미가 있는 경우가 많습니다."

- 하버드 대학교 글쓰기센터(Harvard College Writing Center)

하버드 대학교가 독해력을
아웃소싱 하지 않는 이유

OECD(경제협력개발기구)에서는 3년마다 한 번씩 국제 학업 성취도 비교 연구를 진행합니다. 피사(PISA, Programme for International Student Assessment)라 불리는 이 '시험'은 의무 교육을 마친 만 15세 학생들을 대상으로 치러집니다. 학교에서 배운 지식을 실생활의 상황과 목적에 맞게 활용할 수 있는 소양이 있는지를 파악하기 위함이죠. 이 시험은 매번 읽기 능력을 평가하는데, '기술적인 읽기 능력'을 중심으로 평가합니다. 단순히 텍스트를 읽고 이해하는 정도가 아니라 정보를 찾아내고, 평가하고, 활용하는 능력을 측정하는데요, 표, 그래프, 기사, 보고서 등 복잡한 자료를 해석하는 능력이 어느 정도인지 살핍니다. 이 평가를 통해 실생활에서 실제로 필요한 비판적 사고와 문제 해결을 위해 반드시 요구되는 읽기 능력의 수준을 가늠합니다.

AI 요약은 '해석'이 아니라 '삭제'

공공 부문의 이런 노력을 감안하면 하버드 대학교가 읽고 요약하기를 AI에 내주지 않는 이유도 금방 이해됩니다. AI는 내용을 읽고 이해하고 추론하여 행간을 짐작하는 독해가 불가능하거든요. 그러니 제대로 된 요약 또한 불가능합니다. AI가 하는 요약은 문맥과 논리를 읽고 해석하는 것이 아니라 핵심 문장을 골라내서 연결하는 방식입니다. 하버드 대학교가 사수하는 '요약하기'는 문맥과 논리를 정확하게 해석하고 추론하여 새로운 워딩으로 담아내는 사고 과정입니다. 읽고 이해하고 분석하는 능력 즉, 독해력이 없으면 AI가 요약한 것을 그대로 받아들이게 됩니다. 추론을 해야 하거나 행간을 읽어야 하는, 정작 중요한 것은 다 누락된 쭉정이뿐인 것을 '요약'으로 받아들이면 AI가 삭제한 정보를 놓치게 됩니다. 그 결과 알아야 할 내용에 대해 전혀 엉뚱하게 알거나 곡해할 위험이 상당합니다.

AI를 의도한 대로 자유자재로 활용하여 의미 있는 결과를 만드는 능력은 AI가 어떤 결과물을 만들어 내든, 읽고 이해하고 분석할 줄 아는 능력을 토대로 합니다. 결과물을 통해 글쓴이의 의도, 뉘앙스, 맥락을 읽음으로써 행간까지 파악하는 능력을 가져야 가능합니다. '독해력'이라 불리는 이 능력은 아직은 인간만이 할 수 있습니다. 아이러니하게도 이 능력, 독해력은 요약하기를 통해 길러집니다.

이 책을 쓰고 출간하는 동안 AI 기술은 사람과 유사한 범위의 지능을 갖춘 범용 AI에 도달할지도 모릅니다. 이미 추론 가능한 독해 능력을 갖춘 업그레이드 버전이 시장에 나오기도 했습니다. 결국 시간이 문제일 뿐 '인간에게만 주어진 능력'이라고 자신하던 독해력까지 AI에게 내주게 될 것입니다. 그때가 되어도 하버드 대학교는 학생들에게 텍스트를 직접 읽고 직접 요약하게 할까요? 만일 그렇다면 그 이유는 무엇일까요? 나는 그런 날이 와도 하버드 대학교는 텍스트를 직접 읽고, 직접 요약하고, 직접 글을 쓰게 할 것이라 확신합니다. 그 이유는 이미 AI가 글을 대신 다 써주는데도 하버드 대학교가 학생들의 글쓰기를 더욱 다그치는 것과 같습니다.

하버드 대학교 글쓰기센터는 '글쓰기는 생각하기'라 정의합니다. 하버드 대학교 글쓰기센터에서 문장을 다듬거나 맞춤법을 교정하기는 뒷전입니다. 이곳에서는 주로 학생들이 글로 쓰려는 아이디어를 논리적으로 주장하고 증명해 나갈 수 있도록 돕습니다. 이 과정에서는 비판적으로 읽고 생각하고, 설득을 위해 거론하는 증거를 평가하는 등 독해력이 일을 다 합니다. 우리는 요약하기를 통해 독해력 즉 비판적으로 읽고 분석하는 능력을 키웁니다. 하버드 대학교 글쓰기센터 책임자인 제인 로젠츠 베이그 교수가 글쓰기를 AI에게 맡기는 것은 우리의 사고 기능을 아웃소싱 하는 것이라고 단언하는 이유가 바로 여기에 있습니다.

"AI가 글을 쓰면 학생들은 이런 작업을 하지 않게 되고 결과적으로 비판적 사고를 하지 않게 된다."

나 또한 단언합니다. 독해력을 아웃소싱 하게 되면 AI가 생성한 콘텐츠를 비판적으로 평가하고 분별력 있게 수용하는 사고가 불가능하다고.

하버드 대학교 MBA의 AI 사용 규칙 : 수업 시간엔 사용 불가

19세기 러시아 문학 『안나 카레니나』 강의 시간. 교수님은 학생들이 얼마나 잘 배웠는지 구술시험으로 평가하겠다고 합니다. 800명의 학생들이 10개의 질문에 구술로 답했는데요, 다음은 시험을 치른 학생의 말입니다.

"안나 카레니나에 대한 구술시험을 치르며 예측할 수 없는 질문에서 얼마나 많은 배움이 나오는지 알 수 있었다. 줄거리와 기호는 외울 수 있었지만, 교수님이 800페이지 분량의 소설에 대해 물어본 분석적 질문에 완전히 대비할 수는 없었다."

마치 '대형 언어 모델'처럼 즉각적으로 합리적인 응답을 도출하는 그 과정이 매우 힘들었지만 보람을 느꼈다고 학부 펠로 세레나 잠펠이 말합니다.

하버드 대학교 교수진은 생성형 AI가 출현한 2022년부터 고민이 깊었습니다. 대세가 되어버린 AI 사용을 금지하지 않는 동시에 남용은 막으면서 학생들의 사고력과 독창성을 어떻게 평가할 것인가가 고민의 실체였지요. 구술시험으로 이 방법의 효과를 검증한 것은 수확이지만 요점은 평가 방법이 어떠하든 AI가 대체할 수 없는 사고력과 소통 능력을 길러야 한다는 것입니다. 독창적이고 설득력 있게 소통하기는 AI로 쉽게 대체할 수 없는 인간만의 능력이니까요. 읽고 생각한 것을 체계적으로 정리하여 어필하는 능력-독해력이 AI 시대가 발달될수록 더욱 요구되는 이유입니다. 이것이 하버드 대학교가 학생들에게 텍스트를 직접 읽고 직접 요약하게 하는 이유입니다. 요약 연습을 하며 학생들은 독해력이 단순히 글을 읽는 능력을 넘어서는, 정보를 비판적으로 분석하고 평가하는 능력임을 절감합니다.

하버드 비즈니스 스쿨은 MBA 과정 신입생들에게 챗GPT 계정을 줍니다. 하버드 비즈니스 스쿨은 MBA 학생들이 AI 시대에 창의적이고 책임감 있고 유연한 리더가 되기를 원하기 때문에, AI는 MBA 경험과 인간의 판단을 대체하는 것이 아니라 풍부하게 하고 지원해야 하기 때문에 AI를 사용하여 공부하고 비판적 사고를 향상시키는 교육을 합니다. 하버드 비즈니스 스쿨은 생성형 AI를 사용하여 사례 토론을 준비하고, 수업 후에는 배운 것을 정리하라 권합니다. 하지만 수업 중 AI 사용은 엄격하게 금합니다. 시험을 볼 때도 교실 수업에서와 마찬가지로 AI가 아니라 각자의 뇌를 사용해야 한다고, 머릿속에 든 것만 사용해야 한다는 원칙을 정했습니다.

"우리는 학생들이 생성형 AI를 도구적으로 잘 사용하여 세상에 긍정적인 변화를 일으키는 방법을 스스로 발견하기를 원했습니다."

하버드 비즈니스 스쿨의 AI 사용 원칙을 정하는 데 기여한 미첼 와이스 교수의 말입니다. 챗 GPT 출시 직후 하버드 대학교 예술과학부장 크리스토퍼 스텁스 교수는 생성적 AI를 교육에 통합하기 위한 포괄적인 가이드라인을 발표합니다.

"학생들에게 지식이 풍부하고 윤리적이며, AI에 대한 지식이 풍부한 동시에 적절하게 회의적인 사용자가 되도록 가르치는 것이 하버드 대학교 학부 교육의 주요 목표가 되어야 한다."

생성형 AI는 일시적인 유행이 아니라 업무 방식을 변화시킬 도구이기 때문에 AI에 휘둘리지 않도록 무게중심을 가져야 한다고 하버드 경영대학원 에드워드 맥파울랜드 교수는 지적합니다.

"AI에 대한 주요 우려 사항 중 하나는 AI의 정교함이 사람들에게 AI가 진정으로 지능적이라고 확신시켜 일부 사람들이 다른 출처를 평가하지 않고 그 정보에 의존하도록 유도하는 것이다."

세계경제포럼은 2025년 초, 모든 분야에서 급속도로 AI가 보급되어 특히 기업의 노동력이 41퍼센트나 감축될 가능성이 있으며 정리해고와 고용기회 감소로 이어질 것이라고 그 영향력을 설명합니다. 이 수치는 속속 경신되겠지요. 이런 현실이니, AI 도입과 사용에 대한 우려가 어디 하버드 대학교뿐이겠어요. 세계의 많은 기업과 대학과 단체들이 연구한 결과를 다투어 발표하며, '인지적 오프로딩(cognitive offloading)'을 크게 우려합니다. 인지적 오프로딩이란 일과 공부와 일상생활에서 AI에 크게 의존하게 되면서 기억력, 비판적 사고력, 문제해결 과정을 외부에 떠넘기는 것을 말합니다. 마이크로소프트와 카네기 멜론 대학은 공동연구를 통해 '생성형 AI는 효율을 높일 가능성이 있지만, AI에 오랜 시간 과도하게 의존하게 되고, 결국 독자적으로 문제를 해결하는 능력이 크게 떨어질 것이다'라고 염려합니다.

연구마다 데이터마다 표현은 제각각입니다만, 우리가 주목해야 할 것은 하나입니다. 일일이 정보를 수집하고 분석하고 해석하여 결론을 만들던 것을 AI에게 맡기게 되면서 그 결과물에 대한 책임이 더욱 중하게 요구됩니다. 이제 일터에서의 핵심 업무가 AI 출력을 다른 자료와 대조해 적절한지 평가하는 것으로 바뀌었습니다. 결국 비판적 사고능력이 모든 일에 필수 능력으로 요구되고 비판적 사고능력은 독해력과 함께 작동합니다. 이러한 변화들이 뿜어내는 메시지는 간단합니다.

"AI 사용은 피할 수 없고, AI 사용 능력은 독해력이 좌우한다."

연봉 9000억 원, 오타니 쇼헤이가
세계 최고 강속구를 만든 비결

7억 달러(약 9,240억 원) 연봉을 계약한 미국 프로야구 선수 오타니 쇼헤이. 오타니는 사사키 히로시 감독을 '은사님'으로 모시지만 그는 오타니를 가르치지 않았다고 말합니다. 자신은 시속 160킬로미터의 강속구를 던져 본 적 없으므로 그것을 가르칠 수 없다는 것입니다.

"내가 오타니에게 가르친 것은 공을 던지는 기술이 아니라 '생각하
는 방법'이었다."

사사키 감독은 자신의 학생이 야구든 다른 것이든 목표를 설정하고, 그 목표를 이루기 위해 무엇을 어떻게 해야 하는지 '자신의 머리로' 생각하게끔 도운 것이 전부라고 말합니다. 사사키 감독은 오타니 역시 스스로 생각하도록 거들었을 뿐인데, 독서를 하게끔 이끈 것이 전부라 합니다. 사사키 감독은 고교야구 선수들이 '좁은 문을

통과해 프로야구 선수가 된다고 해도 보통 30세를 전후해 은퇴하기 때문에 은퇴 후에도 70년을 더 살아야 하는 선수들에게는 지력(智力)이 절대적'이라면서 지력을 키우는 데 책읽기만한 게 없다고 강조하고 추천합니다. 오타니도 사사키의 권유로 고교 시절부터 '1500엔으로 평생 노하우를 얻을 수 있는' 책을 많이 읽었다고 사사키 감독은 증언합니다.

"원한다면, 나는 평생 동안 다른 일을 하지 않고 매일 내 그림을 그려줄 사람 10,000명을 고용할 수 있습니다."

이런 식으로, 자신이 원하는 것에 돈을 쓰고자 한다면 얼마든지 쓸 수 있다고 말하는 사람은 워런 버핏. 이렇게 돈이 많은 그가, 무엇이든 하고 싶은 것을 하고 싶은 대로 할 수 있는 그가 하루 중 가장 많이 하는 일이 읽기입니다. 하루 중 8시간 이상, 기업 관련 자료를 읽고 책을 읽고 신문기사를 읽습니다. 그가 원하기만 한다면, 책읽기 비서를 10,000명쯤 고용할 수 있습니다. 읽기에 관한 한 세계 최고의 능력을 가졌을 비서들은 평생 동안 워런 버핏을 위해 책이나 자료를 읽고 정리하여 보고하는 일만 하겠죠. 이러한 읽기 서비스를 제공하는 기업이 있다면 워런 버핏이 가장 먼저 투자하고 평생 보유할 겁니다.

독서는 수단, 핵심은 독해력

컴퓨터와 통계를 활용해 주식 거래를 하는 퀀트 투자의 1인자 제임스 사이먼스 박사. 그에게 기자가 컴퓨터 알고리즘에 의한 트레이딩을 지적하며 물었습니다. "컴퓨터가 모든 것을 다 해주면 인간은 무엇을 하죠?" 사이먼스 박사의 답변은 단호합니다.

"컴퓨터는 그냥 도구이다. 연장이 좋다고 당신이 좋은 목수가 되는 것이 아니다. 같은 연장을 주어도 어떤 사람은 망칠 수도 있다."

컴퓨터가 그냥 도구이듯 인공지능 또한 도구이며 책읽기조차도 수단입니다. 책을 읽는 동안 뇌에서 내용을 이해하고 분별하고 판단하는 독해력 효과가 일어나지 않으면 책읽기에 들인 시간과 돈은 탕진된 것입니다. 책읽기의 효과는 책을 읽은 후 얻어지는 지식이나 정보의 충전이 아니라 읽기라는 여정이 주는 자극과 생각과 느낌에 있습니다. 중요한 것은 종이책이냐 아니냐, 몇 분을 읽느냐 어디서 읽느냐가 아닙니다. 어떤 책을 읽든 누가 쓴 어떤 내용이든 책에 담긴 내용 자체는 그리 중요하지 않습니다. 내용을 읽으며 어떤 생각을 하게 되는가가 핵심이에요.

"우리가 무엇을 생각하고 어떻게 생각하는지 결정하는 것은 우리가 읽은 것으로부터 얻은 통찰력과 연계된 능력이다."

읽기 능력에 관한 세계 최고의 전문가 매리언 울프의 말입니다.

워런 버핏의 말마따나 부자들이 부자가 되는 원천은 돈이 아니라 사고 능력입니다. 지식으로 더 나은 결정을 내렸기 때문이지요. 부자가 되는 데는 지식이 필요하고, 지식에 대한 투자가 최고의 투자이며, 지식 투자에 성공하려면 책을 읽어야 하고, 책을 읽고 수익을 내려면 독해력에 기반을 둔 독서를 해야 합니다.

야구든 투자든 공부든 일이든 머리 써서 하는 일은 '읽는 능력-독해력'이 기본입니다. 읽는 힘이 취약하면 내용을 제대로 빨리 읽고 이해하지 못하여 업무 진행이 더디고 실수나 잘못이 잦고 의도한 결과를 내기까지 시간이 많이 걸립니다. 이 모든 것이 생산성을 좌우하며 지식사회에서 생산성은 읽는 힘과 직결됩니다(송숙희 『일머리 문해력』).

AI 시대, 고용주 99%가
1순위로 꼽는 일머리 필수 역량

코로나19 팬데믹이 발생하기 전, 생성형 AI 선발주자인 챗GPT가 아직 개발 단계에 있을 무렵인 2019년, 전미대학경영자협회(NACE)에서 일자리 전망 조사를 했습니다. 고용주들은 지원자의 비판적 사고와 의사소통 능력을 가장 높게 평가했습니다. 고용주의 99퍼센트가 비판적 사고와 문제 해결을 임직원이 갖춰야 할 필수 능력으로 평가하고, 95퍼센트는 구두·서면 의사소통 능력을 꼽았습니다. 조사 내용을 소개하며 협회 측은 의사소통 능력은 노동력에서 가장 중요한 역량 중 하나이며, 이 두 역량은 강력한 읽기 이해를 기반으로 한다고 명시합니다. 고용주들은 정보를 비판적으로 분석하고 아이디어를 효과적으로 전달하며 복잡한 문제를 해결할 수 있게 하는 포괄적인 능력으로 독해력을 중시합니다. 독해력은 어떤 분야에서든 의미 있는 결과를 도출하는 데 필요한 기본 기술이기 때문이죠.

독해력이 높으면 정말 일을 잘 할까요? 미국의 컨설팅 회사 맥킨지 앤 컴퍼니에서 전 세계의 경영자를 대상으로 한 〈리더십과 고성능에 관한 연구〉가 확인해 줍니다.

"상위 10퍼센트의 성과자는 독해력이 4배 높다."

덧붙여 설명합니다.

"상위 10퍼센트의 경영자는 독해력이 높아 대량의 정보를 읽고 분석함으로써 정보처리능력을 높이고 있다."

정보처리능력이 탁월한 사람은 다른 사람에 비해 압도적으로 많은 정보를 취하면서도 핵심을 정확하고 빠르게 파악하여 수집한 정보를 바탕으로 의사결정을 합니다. 그러니 독해력을 갖췄다는 것은 정보처리능력이 탁월하다는 증거이고 정보처리능력은 고성과자들의 핵심 경쟁력이니 최고의 성과를 내는 경영자들이 동료들보다 4배나 빠르게 정보를 처리한다는 연구 결과가 과장일 수 없습니다.

법조인, 애널리스트, 의사, 기업 임원 등 고액 연봉 전문직의 필살기
독해력은 원래부터 고액 연봉으로 소문난 전문 직업인의 상징적인 능력이죠. 법조인, 의사, 애널리스트, 기업 임원 같은 고급 인재에게 없어선 안 되는 능력입니다. 애널리스트는 시장의 최신 동향과 데이터를 읽고 투자자 보고서를 작성합니다. 변호사는 판결을 연구하고 해석하여 판사를 설득하는 자료를 만듭니다. 의사는 환자 데이터를 읽고 논문이나 임상 결과를 읽죠. 이렇듯 전문 직업인들의 주된 업무는 '독해'이며 독해력이 그들의 성과를 좌우합니다. 사업에서는 거래가 클수록 계약서를 읽고 이해하기가 핵심이고요. 전문 직업인들은 문제를 분석하고 추론하고 연결하여 결과를 만드는 사고 능력이 탁월한데, 이런 능력은 다양한 자료를 읽고 이해하고 분석하여 다양한 관점을 받아들이고 비판적 사고를 촉진하게 돕는 독해력의 몫입니다.

"읽는 힘은 회사를 굴러가게 하는 힘"

최창원 SK 수펙스추구협의회 의장이 한 이 한마디가 결론입니다. 읽는 힘에 대해 이렇게 가치를 부여하는 이유는 회사를 굴러가게 하는 끊임없는 아이디어 창출과 이를 실행으로 옮기는 추진력은 수많은 것을 보고 듣고 읽고 그것을 제대로 이해할 때 비로소 생겨나기 때문이라고 설명합니다.

독해력은 직업적 성공의 필수 역량

평범한 직장인이 직업적으로 성공하는 데도 독해력은 필수 역량입니다. 독해력이 높은 직장인은 의사결정능력과 문제해결능력이 남

다르죠. 중요한 정보를 빠르게 찾아 내용의 핵심을 파악하고 정보를 기반으로 논리 정연하게 보고서를 작성하고 회의에 임하기 때문에 존재감이 두드러집니다. 저의 AI 조수에게 '독해력이 정말로 직업적 성공에 기여하는지 증명할 자료를 찾게 했습니다. 챗 GPT가 찾아낸 연구들은 독해력이 텍스트를 이해하고 분석하며 평가하는 능력을 포함하기 때문에 비판적 사고에 매우 중요하다고 언급합니다.

"비판적 사고는 독해력과 직접적으로 연결된 기술인 정보를 해석하는 능력을 필요로 한다. 무엇을 읽었는지 이해하지 못하면 제시된 정보나 주장을 비판적으로 평가할 수 없다."

- Paul R. & Elder L, 2008, 비판적 사고 개념과 도구에 대한 가이드

"독해력은 텍스트로부터 의미를 구성하는 과정을 포함하며, 이 과정은 일터에서 문제해결과 의사결정에 필수적인 고차적인 사고 능력의 기초가 된다."

- Kintsch W., 1998, 이해 : 인지를 위한 패러다임, 케임브리지 대학 출판부

"효과적인 의사소통은 개인이 미묘한 언어를 이해하고 반응을 정확하게 표현할 수 있기 때문에 강력한 독해력을 기반으로 한다."

- Snow C. E., 2002, 이해를 위한 읽기 : 독해력의 R&D 프로그램을 향하여

"업무 현장에서 정보에 입각한 의사결정은 보고서, 연구 결과, 정책 문서 등 복잡한 텍스트를 읽고 이해하는 능력에 의존한다."

- Shanahan T., et al., 2010, 유치원부터 초등 3학년까지의 독해력 향상, IES 실습 가 이드

"독해력은 근로자가 자신의 분야에 대한 최신 지식과 트렌드를 계 속 업데이트하고 비판적 사고와 효과적인 의사소통을 촉진할 수 있 게 해주기 때문에 전문성 성장에 필수적이다."

- Gough P. B., Hoover W. A. & Peterson C. L., 1996

AI 시대 위협에서 살아남는 마법의 힘, 독해력

『정의란 무엇인가』로 유명한 하버드 대학교 마이클 샌델 교수가 묻지요.

"한 학생으로부터 꽤 좋다고 생각되는 논문을 받았다. 그 학생을 불러 논문을 직접 썼는지 챗GPT가 쓴 것은 아닌지 물었다. 학생은 챗GPT가 쓴 것이 아니라고 했다. 나는 그가 거짓말을 한 것에 대해서 걱정해야 하는지 그가 마치 챗GPT처럼 글을 쓰게 된 것을 더 걱정해야 할 것인지 궁금하다. 당신은 어떻게 생각하나?"

그의 이 질문은 철학자 안톤 바바케이 교수가 한 강연에서 한 말을 듣고 나서 한 것입니다. 바바케이 교수는 이런 말을 했거든요.

"디지털 기술의 급격한 발전이 인간 경험의 주요 측면인 공동체, 시간, 현실에 좋지 않은 영향을 미치고 있으며, 더 넓게는 인간이라는 것이 무엇을 의미하고 삶의 목적이 무엇이어야 하는지에 대해 걱정해야 한다."

바바케이 교수는 학생의 거짓말에 대한 우려보다 그 학생이 챗GPT처럼 글을 쓰게 된 것을 더 걱정해야 할 것이라고 답합니다.

이제 우리는 AI가 요약한 글만 읽고 AI가 써주는 대로 쓰며 살 겁니다. 필요한 게 있으면 AI에게 콕 짚어 알려달라고 할 것이고 AI는 1, 2초 만에 개요를 제공하겠죠. 갈수록 우리는 AI 요약 없이는 한 줄도 읽지 않을 것이고 긴 글 전문을 읽을 필요를 느끼지 못할 겁니다. AI에게 시키면 편하고 빠르니까요. 비용도 거의 들지 않죠. 그러면 대부분의 사람들에게 독해력은 있으나마나 한 능력으로 퇴행되겠죠. 스스로는 글 한 줄도 읽지 못하고 그 글을 읽고 생각하지도 못하며 읽은 내용을 활용하여 의사결정, 의사소통 하는 일도 불가능할 겁니다. 직장에서도 삶에서도 퇴출되는 일이 흔하게 일어납니다. 이쯤 되면 독해력은 다시 고급 인재들만 누리는 귀한 능력이 됩니다. 독해력은 AI의 위협에서 살아남기 위해 필요한 생존기술이 됩니다.

"사람은 읽기를 통해서만 사물을 이해하고 배울 수 있으며 자신이 살아가는 세상에 대해 생각할 수 있다. 읽기를 익힌다는 건 마법의 힘을 얻는 것이다."

1943년, 제2차 세계대전 스몰렌스크 전투에서 머리에 총을 맞아 읽고 쓰기 능력을 상실하고 이를 회복하는 데 30년을 바친 러시아 군인 레프 자세츠키의 말입니다. 회복이라고 해봐야 힘들게 동화책을 읽을 수 있게 된 정도지만요. 독해력을 잃는다는 것은 이토록 치명적입니다. 그저 잘 읽지 못하는 정도가 아니라 살아가는 힘을 잃어버릴 정도니까요. 독해력은 고급 능력이면서 생존 기술입니다. 일상생활에서 우리는 문제를 해결하기 위해 참 많은 것을 읽어야 하니까요. 영수증을 읽고 계약서를 읽고 약 복용법을 읽고 가전제품 사용설명서를 읽고…. 글로 쓰인 많은 것들을 읽고 그 내용을 이해하고 내가 원하는 결과를 얻어내는 것은 능력입니다.

『도둑맞은 집중력』을 쓴 요한 하리가 책에서 소개한 내용입니다. 하버드 대학교의 한 교수는 학생들에게 짧은 책조차 읽히기 힘들어서 책 대신 팟캐스트나 유튜브 영상을 알려주고 있다고 합니다. 요한 하리는 하버드에서조차 깊은 형태의 집중이 이처럼 크고 빠르게 위축되고 있다고 안타까워하죠. 가장 깊은 층위의 사고가 점점 더 적은 사람에게만 가능해질 것이라고, 책을 읽지 않는 것이 이토록 위험한 일이라고 경고합니다.

"책읽기에서 화면 읽기로 전향하면서 책읽기로 가능했던 더 깊은 형태의 읽기 능력을 잃기 시작했고, 결국 책을 더욱더 안 읽게 되었다. 몸무게가 늘면 운동하기가 점점 더 어려워지는 것과 비슷하다. 그 결과…."

그 결과 '긴 텍스트를 읽는 능력, 풀리지 않는 생각을 품는 인지적 참을성과 인지적으로 힘겨운 텍스트를 다루는 지구력 및 능력'을 잃는다고 한탄합니다. 이 능력들은 전문가들이 AI에게는 불가능한, 인간만이 가능한 고차적 사고 능력으로 손꼽는 것들이죠. 앞에서 살펴본, 독해력을 갖춘 전문 직업인들이 발휘하는 능력입니다.

쇼펜하우어의 경고,
책 읽으면 남의 생각에 끌려다닌다?

까칠한 철학자 쇼펜하우어는 책읽기에 대해 좀 다른 생각을 갖고 있었나 봅니다. 독서란 겨우 다른 사람의 머리로 생각하는 것에 불과하다고 이죽댑니다.

"독서는 독자적 사고의 단순한 대용품에 불과하다. 독서를 하면 남의 생각에 끌려다니게 된다. 게다가 만약 책이 우리를 이끌어 간다고 한다면, 많은 책들은 얼마나 많은 미로(迷路)가 있는지, 얼마나 고약한 결과에 이를 수 있는지 보여주는 데 유용할 뿐이다."

독자적으로 생각하지 못하는 사람에게는 책읽기도 위험할 뿐이라는 입바른 소리지요. 쇼펜하우어의 주장에 따르면, 독서는 '독자적 사고를 하고 자발적으로 생각하며 올바로 생각하는 사람은 올바른 길을 발견하는 나침반'을 갖고 있는 사람에게만 허용됩니다. 한마디로 독해력을 갖추지 못한 사람은 읽으면 읽을수록 독이 되고 해가 된다는 것입니다. 이쯤에서 독해력에 대해 좀 짚어 보겠습니다. 우리가 알고 있는 독해력은 '글을 읽고 이해하는 능력'입니다. 좀 더 나아가면, 독해력은 '글을 읽고 그 내용을 이해하는 능력'을 말합니다.

독해력에 관한 일반적 정의

글을 읽고 이해하는 능력

글을 읽고 그 내용을 이해하는 능력

국제기구 OECD(경제협력개발기구)에서 38개 가맹국을 대상으로 실시하는 PISA 조사에서 정의하는 독해력은 더욱 의미심장합니다. PISA는 의무교육 종료 단계인 15세를 대상으로 21세기에 필요한 주요 자질과 능력의 핵심독해·수학적 리터러시·과학적 리터러시의 3개 분야에 걸쳐 학생의 학습 도달도를 조사합니다. PISA에서는 독해력을 이렇게 정의합니다.

"스스로의 목표를 달성하고, 스스로의 지식과 가능성을 발달시키며, 사회에 참여하기 위해 텍스트를 이해하고 이용하고 평가하고 숙고하고 이에 대처하는 것"

이런 능력을 평가하기 위해 PISA 측은 문장 읽기만 보는 게 아니라 데이터나 도표, 통계 등에서 사물의 경향이나 동향을 읽을 수 있는지도 독해 능력에 포함시켜 테스트합니다. 2018년 평가 이후 PISA 측은 테스트 결과를 공개하며 읽기에서 우수한 성적을 내는 학생들이 텍스트를 이해하고 해석할 뿐만 아니라 정보를 비판적으로 성찰하고 활용할 수 있는 사람들임을 밝힙니다. 이러한 능력을 가진 학생들은 사실과 의견을 구별하고, 정보 출처의 질과 편향을 평가하며, 그들의 이해를 실용적이고 의미 있는 방식으로 적용하는 데 탁월한 능력을 보인다는 의견을 냅니다.

독해력과 문해력은 어떻게 다른가

독해력과 유사한 개념으로 문해력이 있지요. OECD는 일하는 사람의 '경쟁력'을 좌우하는 능력으로 문해력 강조하는데요, 문해력(literacy)을 '문장을 이해하고 평가하며 사용함으로써 사회생활에 참여하고, 자신의 목표를 이루며, 자신의 지식과 잠재력을 발전시킬 수 있는 능력'이라고 정의합니다. 문해력이 정보기술 위주의 디지털 환경에서 취업, 소득, 건강, 심리 등에 큰 영향을 끼친다고 강조합니다. OECD는 문해력, 수치력, 컴퓨터를 사용한 기술적 문제해결능력, 이 세 능력이 일하는 사람의 경쟁력을 좌우한다고 전제하여 눈길을 끕니다. 독해력과 문해력에 대한 OECD의 정의를 정리하면, 독해력은 기본적인 삶을 영위하는 데 필수적으로 갖춰야 할 기본 능력이며, 문해력은 보다 나은 삶을 위한 경쟁 조건입니다. 문해력은 읽고 생각하고 쓰기라는 능력이 시스템으로 작동합니다. 지금처럼 머리로 일하는 시대에 독해력은 필수 능력이자 문해 능력의 기본 조건입니다. 독해력이 튼실하면 문해력은 문제가 되지 않습니다.

OECD에서 정의한 독해력과 문해력

독해력

스스로의 목표를 달성하고
스스로의 지식과 가능성을 발달시키며
사회에 참여하기 위해 텍스트를 이해하고
이용하고 평가하고 숙고하고 이에 대처하는 것

문해력

문장을 이해하고, 평가하며, 사용함으로써
사회생활에 참여하고 자신의 목표를 이루며
자신의 지식과 잠재력을 발전시킬 수 있는 능력

나는 독해력을 이렇게 정의합니다.

"글이나 책이 의도한 대로 읽고 이해하고 활용하여 의미 있는 결과를 만드는 의식적인 읽기"

나는 독해력은 거침없이 읽고 막힘없이 써먹는 독서 기술이며 정보를 활용하여 비판적으로 문제를 해결하는 능력으로 간주합니다. 궁극적으로 독해력은 텍스트로 담아낸 정보는 물론 텍스트에 담긴 세상을 읽고 간파하고 활용하는 능력입니다. 이러한 독해력을 갖췄다는 것은 그의 문해력 또한 남들보다 탁월하다는 증거가 됩니다.

내가 말하는 독해력은 글이나 문장뿐 아니라 사회활동에서 매우 중요하게 작동하는 사람, 상황, 맥락에 대한 이해를 포함합니다. 글을 읽을 때는 글 자체뿐 아니라 그 글을 쓰는 사람에 대한 이해, 글을 읽는 자신의 감정, 이해력, 상태 등에 대한 파악과 이해까지 포함해야만 온전한 읽기가 되니까요. 자, 이제 부자들이 그 비싼 비용을 치르고 갖고 싶어 한 것이 책 몇 쪽 읽는 '독서 행위'가 아니라 독해력이라는 것이 이해되지요?

일머리 망치는 시한폭탄,
일머리 지키는 최강무기

HR 전문 잡지(HR Daily Advisor)에 따르면 직원의 70퍼센트 이상이 업무 커뮤니케이션을 위해 인스턴트 메시징을 사용합니다. 코로나19 팬데믹 이후 슬랙, 마이크로소프트 팀즈, 구글웍스 등 협업 툴을 통한 원격소통이 일상을 지배하는데, 이 도구의 핵심은 메신저죠. 메신저는 빠른 상호작용과 팀 협업을 위해 필수적인 도구로 자리 잡았습니다. 일터를 떠나서도 많은 사람들이 카카오톡이나 왓츠앱 같은 메신저로 소통합니다. 일에서는 명확한 의사소통이 매우 중요하죠. 메신저는 텍스트 기반이라 잘 읽지 못하면 이런 소통에 큰 지장을 초래합니다. 정보 과부하로 인해 중요한 정보를 놓칠 수 있고 정보를 제대로 이해하지 못해 생산성과 의사결정에 악영향을 미치고 성과는 저조하며 평판이 좋을 리 없습니다.

일하는 사람들은 업무상 소통을 메신저로 주로 하지만 〈포브스 Forbes〉 설문 자료에 따르면 가장 선호하는 소통매체는 이메일입니다. 이메일도 텍스트 기반이라 독해력이 전제됩니다. 메신저와 이메일 중심으로 이루어지는 업무에서 생산성과 성과, 평판을 좌우하는 것은 독해력입니다.

일이란 따지고 보면 문제해결이 전부입니다. 아무 문제없이 일이 되어간다면 늘 하던 대로 하면 되기 때문에 일머리며 문해력이 필요 없습니다. 무슨 일을 하든 크고 작은 문제를 해결하는 게 일의 전부이고 문제해결에 필요한 의사결정, 의사소통 등 의도에 맞는 의미 있는 결과를 만드는 과정에는 기반 사고가 필수입니다. 문제를 해결하는 사고 과정에서는 다양한 자료들의 힘을 빌어야 정보를 바르게 이해할 수 있고, 이를 종합하여 신뢰할 만한 결과를 만들려면 높은 수준의 독해력이 필요합니다. 독해력이 일머리를 지키는 최강의 무기인 이유는 바로 이것입니다.

도둑맞은 집중력엔 독서 처방

팝콘 봉지 안에서 튀겨지고 있는 팝콘 알갱이처럼 잠시 잠깐도 주의를 집중하지 못하고 널뛰듯 생각이 옮겨 다닌다 하여 우리의 뇌는 '팝콘 브레인(popcorn brain)'이라 불립니다. 뇌가 팝콘 알갱이처럼 톡톡 튀어 오르는 강렬하고 빠른 자극에만 반응할 뿐 나름의 속도가 필요한 현실에는 무감각해집니다. 그러면 점점 더 자극적인 반응만 탐하겠죠? 그러다 보니 인간의 평균 집중 시간이 8초, 금붕어보다 짧다고 조롱을 받은 지도 오래되었습니다. 뇌가 팝콘 봉지처럼 변한 것은 종이가 아닌 화면 읽기, PC도 아닌 스마트폰으로 읽기, 텍스트 대신 숏폼만 본 때문입니다. 주의 집중력 8초의 팝콘 브레인은 순차적이고 논리적인 사고를 하지 못합니다. 생각들이 하나하나 쪼개지고 흩어집니다. 팝콘 브레인 모드에서 직장인들의 평균 집중 시간은 3분. 의미 있는 정보를 다룬 글 한 편 읽고 이해하기가 불가능하죠. 복잡한 텍스트를 처리하고 분석하는 대신 글자만 읽고 맙니다. 글쓴이가 말하려는 내용을 끝까지 추적하고, 복잡한 내용의 핵심을 파악하며, 알고 있던 정보와 연결하여 아이디어를 만들고, 추론하고 예측하는 독해가 불가능합니다. 막연하고 피상적인 이해로 이어집니다. 이렇게 난파된 집중력으로 앞에서 들여다본 업무 성과를 높이는 최고의 도구로써의 독해력은 무색해집니다. 팝콘 브레인은 일머리를 망치는 시한폭탄입니다. 요한 하리는 팝콘 브레인 해독제로 독서를 처방합니다.

"많은 사람에게 독서는 자신이 경험하는 가장 깊은 형태의 집중 상태다. 사람들은 독서를 통해 차분하고 침착하게 인생의 긴 시간을 한 가지 주제에 바치고, 그 주제가 우리의 정신에 스며들게 한다. 독서는 지난 400년간 가장 깊이 있는 인류 사상의 대부분을 이해하고 설명하는 도구였다."

독해력을 가진 사람만이 얻는 능력, 부자머리

코로나19 팬데믹으로 일터가 봉쇄된 3년 동안, 나는 기업들이 요청한 문해력 교육으로 바빴습니다. 일머리는 문해력이 좌우하는데 대면 근무가 막히니 문해력이 작동하지 않게 된 것입니다. 문해력이 단지 읽고 쓰기 능력을 넘어 일머리를 좌우하는 관건이 된 것은 일머리가 가동되려면 비판적 사고력이라는 엔진이 필요하기 때문입니다. 비판적 사고 엔진은 독해력이라는 시동 모터가 필요합니다. 근거가 되는 정보를 비판적으로 검토하고 걸러 내는 독해력 없이는 비판적 사고가 불가능하고 문해력이 작동하지 않으며 결과적으로 문해력이 필요한 대부분의 일을 수행하기 불가능합니다. 어느 일터든 대부분의 일은 보고, 소통, 회의의 형태이고 자료를 읽고 이해하고 정리하기가 기본 단계입니다. 내용을 쓰인 대로 읽고 이해하지 못하면 비판적 사고력이 가동하지 못하고 의미 있는 결과를 만들 수 없습니다. 독해력이라는 시동 모터가 필요한 이유입니다.

독해력의 3요소

머리로 일하는 사람들에게 정보처리능력은 매우 중요한 역량이며 AI를 활용하는 데도 필수입니다. 정보가 차고 넘치는 시대라지만 정보처리능력이 제대로 발휘되면 가짜 뉴스나 허위 정보에 휘둘리지 않습니다. 정보처리능력이 적절한 정보를 찾아내면 독해력이 이를 이해하고 분별하여 활용할 테니 말이죠.

PISA에서는 정보를 찾는 능력, 정보를 이해하는 능력, 정보를 분별하는 능력, 이 세 가지 측면으로 읽기 능력을 평가합니다.

- **정보를 찾는 능력** : 차고 넘치는 정보들 가운데 의도에 맞는 결과에 도달하기 위해 의미 있는 정보를 찾아 필요한 만큼 취하는 능력입니다.
- **정보를 이해하는 능력** : 정보가 의미하는 바를 이해하고 관련하여 기존에 가지고 있던 생각, 지식, 감정들과 연결, 통합하여 추론하는 능력입니다.
- **정보를 분별하는 능력** : 읽은 내용을 주의 깊게 들여다보며 내용에 담긴 정보가 신뢰할 만한지, 의도에 맞는지, 의미 있는 내용인지를 평가하고 판단하는 능력입니다.

이 세 가지 힘은 독해력을 구성하는 핵심 요소입니다. 이 세 힘은 각각으로도 탁월한 능력이지만 정보와 지식이 차고 넘치는 디지털

시대, AI가 아무 말이나 쏟아내는 시대, 두뇌가 팝콘화된 시대에 하나로 합쳐져 '독해력'으로 발휘되면 일머리가 탁월해집니다.

일본 국립정보학연구소 아라이 노리코 교수는 일본 AI 연구의 대표주자입니다. 그는 독해력이란 읽는 힘과 푸는 힘으로 구성된다고 정리합니다. 읽는 힘은 글을 읽고 중요한 포인트가 어디에 있는지 찾는 능력이고, 푸는 힘은 읽은 내용을 이해하고 요약하는 힘을 말합니다. 나는 아라이 교수의 두 가지 포인트에 '활용하는 힘'을 추가합니다. 그리고 PISA에서 꼽은 읽기능력 3요소를 반영하여 독해력을 구성하는 3가지 능력을 꼽아 보았습니다. 이해력, 분별력, 판단력입니다. 독해력은 의도에 맞게 의미 있는 결과를 만들기 위해 의식적으로 정보를 읽고 분석하고 판단하여 활용하는 능력입니다.

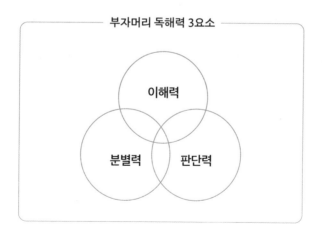

- 이해력 : 글이나 말로 된 정보를 이해하는 능력입니다. 우선 단어

와 문장, 단락이 전하는 내용의 의미를 파악해야 합니다. 내용들 간의 논리성도 파악할 수 있어야 합니다. 이러한 읽기 능력은 문제를 해결하기 위한 아이디어를 만들 때 동원되는 각종 자료들에서 요긴한 정보를 뽑아내는 데도 필수입니다.

- **분별력** : 찾거나 뽑아낸 정보가 적절한지, 믿을 만한지, 편향되거나 왜곡되지는 않았는지를 알아보는 능력입니다. 가짜 뉴스와 잘못된 정보를 직관적으로 감지하는 능력을 필요로 합니다.
- **판단력** : 앞 단계에서 이해하고 판단한 정보를 바탕으로 결론을 만드는 능력입니다. 만들어 낸 결론을 의도에 맞게 활용하여 의미 있는 결과를 만드는 능력입니다.

독해력이 발휘된다는 것은 사안마다 이해력, 분별력, 판단력이 동시에 작동한다는 뜻입니다. 그러므로 독해력은 의도에 맞게 의미 있는 결과를 만들기 위해 의식적으로 정보를 읽고 분석하고 활용하는 능력입니다. 부자머리의 특성이지요. 부자머리는 독해력을 가진 사람만이 얻는 결과고요.

AI 시대 대체 불가 핵심 인력 필수 조건, 독해력 리스킬링

빌 게이츠가 시간당 300억 원어치의 독서를 하고 워런 버핏이 시간당 246억 원어치의 책을 읽는 것은 독해력을 유지하고 키워야 하기 때문입니다. 책을 읽는 과정에서 발휘되는 독해력이 더 큰 부를 만들고 지키고 키울 수 있기 때문입니다. 더 큰 부를 만들고 키우는 부자머리를 유지할 수 있기 때문입니다.

"산발적인 정보로 훌륭한 결정을 내릴 수 없다. 지식은 넓은 아이디어와 넓은 분야에서 얻어야 문제를 다른 각도에서 해결할 수 있는 능력이 생긴다."

2024년 타계한 투자자 찰리 멍거의 말입니다. 그야말로 거침없이 읽고 막힘없이 활용하는 부자머리의 소유자였습니다.

AI 시대에도 돈 버는 일에 압도적인 부자들의 공통점

이처럼 대단한 인지능력이 요구되는데도 많은 직장인들이 독해력을 그리 중요하게 여기지 않는 것 같습니다. 대학을 나와 취업했다는 것만으로 독해력은 문제없다고 여깁니다. 승진하거나 창업하는 사람들, 또 사장이 된 사람들은 자신의 독해력에 문제가 없을 거라 확신합니다. 주의집중력이 불과 몇 초밖에 유지되지 않는데도, 그래서 요약해 주지 않으면 글 한 편 읽지 못하면서도 독해력은 끄떡없다고 생각합니다. 왜 그럴까, 이유를 생각해 봤습니다. 일터나 삶의 현장에서는 가시적인 결과물에 따라 생산성, 성과가 평가되기 때문입니다. 보고서, 프레젠테이션, 이메일 쓰기 같은 눈에 보이는 결과물이 문제해결, 의사결정 및 의사소통에 직접적으로 기여하기 때문에 프레젠테이션이나 보고서 쓰기 같은 글쓰기 능력은 중시되지요. 이러한 결과물은 정보를 이해하고 점검하고 판단하는-독해력 없이는 불가능한데, 독해력은 정신 안에서 일어나는 눈에 보이지 않는 작업이라 중요성을 채 인식하지 못합니다.

"업무가 막힐 때, 한국 Z세대 직장인 80퍼센트가 찾는 이것은?"

인터넷 뉴스에서 뽑은 헤드라인입니다. 2024년 8월, 삼성전자는 한국, 미국, 영국, 프랑스, 독일 등 5개 국가의 Z세대(18~27세) 직장인을 대상으로 일과 AI에 대한 이들의 견해를 조사한 보고서를 공개했

습니다. 한국의 Z세대 직장인 10명 중 8명은 업무 중 일이 막히면 맨
먼저 AI에 도움을 청합니다. AI를 최우선으로 찾는 비율은 서구 선진
국과 비교해 20퍼센트 포인트 이상 높았다지요. AI는 일과 일상에서
더 이상 보조 도구가 아닙니다. 프레더릭 안실(Frederik Anseel) 호주
뉴사우스웨일스대학교 교수가 말한 대로, AI는 이제 '지식 근로자를
위한 도핑'입니다. 운동선수들이 약물 복용(도핑)으로 경기력을 극한
으로 끌어올리듯 AI가 엄청난 생산성 향상을 가져온다는 말입니다.
안실 교수는 "AI 활용은 마음대로 사용할 수 있는 지식이 풍부한 인
턴 군대를 거느린 것 같다"고도 표현하는데 전적으로 공감합니다. 지
식산업을 대표하는 기업들이 AI가 지식 근로자를 위한 도핑이라는
증거를 속속 내밉니다.

　보스턴컨설팅그룹(BCG)이 컨설턴트 758명을 대상으로 챗GPT4를
사용한 그룹과 사용하지 않은 그룹 사이의 업무 차이를 수치로 발표
했습니다. 챗GPT4를 활용하여 일한 그룹은 그러지 않은 집단보다
평균 12.2퍼센트 많이 작업을 해내고, 25.1퍼센트 더 빠르게 수행합
니다. 생산성이 2배 차이 나지요? 신제품 아이디어를 내는 과제는 AI
를 활용한 쪽이 그러지 않은 동료들보다 42.5퍼센트 높은 품질의 결
과물을 냅니다. 맥킨지글로벌연구소는 AI를 활용하면 생산성이 마법
처럼 향상되고 그 결과 임금 격차를 더욱 크게 만든다고 발표합니다.
마이크로소프트는 자사의 생성형 AI 앱인 '코파일럿'을 사용한 사람
은 종전보다 70퍼센트가 생산성이 높아졌으며, 68퍼센트는 작업 품

질이 향상됐다고 언급합니다.

　일찍이 OECD에서는 컴퓨터를 활용한 문제해결능력을 경쟁력의 한 요소로 꼽았습니다. 이제 그냥 컴퓨터가 아니라 AI를 활용하여 한 번도 들어본 적 없는 고약한 문제를 해결하는 능력이 요구되겠지요. OECD가 말한 경쟁력에는 문해력과 수치력이 포함되는데, 문해력이 다른 두 가지를 좌우한다고 강조합니다. 문해력은 읽고 쓰는 능력이죠. 독해력은 문해력을 가동하는 시동 모터입니다. 문해력의 필수 조건입니다. AI를 활용한 문제해결능력이 개발되려면 의도에 맞게 AI를 활용하여 의미 있는 결과물을 만들어야 합니다. 독해력과 비판적 사고력이라는 소프트 스킬 없이는 불가능합니다. 텍스트는 5천 년 동안 인류와 함께했고 따라서 앞으로도, 텍스트가 존재하는 한 독해력은 최고이자 가장 기본적인 생존기술입니다.

책 읽고 부자된 사람들의 은밀한 비법 : 부자머리 만들기

"인공지능과 같은 첨단 기술이 단순 노동을 대신하게 되고, 적지 않은 일자리가 자동화되며, 수많은 노동자들이 고용시장에서 밀려나면 쓸모없는 계급(Useless Class)이 등장할 것이다."

역사학자 유발 하라리(Yuval Harari)의 『호모데우스』에서 나오는 내용입니다. 이 책이 출간된 것이 2013년이니 불과 10년 만에 현실이 되었습니다. 이미 코로나19 팬데믹 때 경험했듯 업무의 많은 부문이 자동화되면 그 일자리는 줄어들거나 사라집니다. 업무의 많은 부분에 AI의 몫이 커지면 기업들은 고민하겠지요. 임직원 중 누구를 남게 할지 누구를 떠나게 할지. 남긴 임직원들의 능력을 어떻게 활용해야 할지….

회사를 떠나고 싶지 않거나 살아남은 구성원에게는 업스킬링(Upskilling)과 리스킬링(Reskilling) 두 가지 선택지가 주어집니다. 업스킬링이란 그동안 해오던 일을 더 잘하게 하거나 한 단계 높은 일을 하도록 직무 기술을 숙련하는 것입니다. 리스킬링은 지금까지와 다른 직무와 역할을 수행할 수 있도록 새로운 기술을 배우는 것을 의미합니다. 리스킬링 과정을 수행하면 지금까지와는 다른 영역의 역량을 습득하고 완전히 다른 역할을 수행하게 됩니다. 이것이 기업이 그를 남긴 이유입니다(휴넷L&D연구소 홍정민 소장 블로그에서 인용). 독해력 향상은 업스킬링이자 리스킬링의 대상입니다. 독해력을 업스킬링하면 즉, 독해능력을 숙련하면 인공지능과 협업하여 생산성과 성과 향상에 기여하는 핵심 인력으로 거듭날 수 있거든요. 독해력이 업스킬링 되면 리스킬링으로 이어집니다. AI 시대 최고의 능력, 탁월한 독해력으로 당신의 핵심 역량이 업데이트 되면 당신의 존재는 대체 불가가 될 테지요.

책을 읽지 않아 출판 산업이 붕괴될 것이라는 경고 메시지가 무색하게도 사람들은 전보다 훨씬 많이 읽습니다. 스마트폰 안에는 읽을거리 천지입니다. 하지만 독해력이라는 무기 없이는 차고 넘치는 텍스트에 압도될 뿐입니다. 읽었다고 착각하거나 읽은 척하는 독서로 할 수 있는 것은 없습니다. 그래서 독해력은 점차 부자의 전유물이 되어 갑니다. 원래 독서는 오페라 같은 귀족 취미에 고급 기술이었지요. 그러다 누구나 책을 읽을 수 있게 되자 흔하디흔한 기술이었다가 AI 시대가 도래하며 누구나에게 요구되는 필수 능력이 되었습니다. 3줄 요약 읽기만 가능한 시대에 제법 많은 분량의 글을 읽고 이해하고 분별하고 판단하여 3줄로 요약할 줄 아는 능력은 다시 최고급 기술이자 '책읽는 귀족'들에게만 허락되는 능력이 될 겁니다. 이것이 독해력을 향상해야 하는 이유입니다.

부자머리 독해력 리스킬링 ①
지식을 관리하라

주 5일 근무하는 사람의 경우 5일 중 하루 이상을 필요한 정보를 찾느라 허비한다고 합니다. 그렇게 해도 해당 정보를 찾지 못할 때가 절반이나 된다는 조사결과가 있습니다. 미국의 시장분석기관인 인터내셔널 데이터 코퍼레이션(IDC, International Data Corporation)에 따르면 지식 노동자들이 업무 시간의 평균 26퍼센트를 다양한 시스템에 분산 저장된 정보를 찾고 통합하는 데 사용합니다. 이렇게 난리를 치고도 필요한 정보를 실제로 찾아내는 경우는 56퍼센트에 불과하다지요.

맥킨지 보고서를 봐도 직원들은 매일 2시간가량을 정보 검색 및 수집에 소비합니다. 마이크로소프트의 연구 결과, 미국에서 일하는 직장인들은 엉뚱한 곳에 보관된 메모나 물건, 파일을 찾느라 1년에 76시간을 사용합니다.

지적 생산성을 떨어뜨리는 원흉

AI를 조수처럼 똑똑하게 활용하려면 전문적인 지식과 상식의 수준이 남달라야 합니다. 우리가 알고 있는 지식의 절반이 틀린 것으로 드러나는 데 걸리는 시간을 지식의 반감기라 합니다. 기술의 급속한 발전은 지식의 반감기를 무섭게 단축시킵니다. 지식의 흐름을 따라잡으며 지식을 업데이트하고 새로운 지식을 쌓아가야 합니다. 독서는 새로운 지식을 축적하는 데 가장 가성비 높은 수단이죠. 하지만 지식을 효율적으로 관리하지 않으면 무용지물로 전락합니다. 필요한 순간 그때그때 바로 불려 나와 활용되지 못하는 지식은 없는 것이나 다름없습니다. 필요한 정보를 찾느라 구성원들의 시간과 에너지가 낭비된다면 업무 효율성과 생산성은 바닥을 치게 됩니다. 실제로 많은 기업에서 이런 일들이 예사로 일어납니다.

코로나19 팬데믹 이후 일하는 방식이 크게 바뀌면서 재택근무와 출근을 병행하는 경우가 많아져 지식관리에 대한 중요성이 더욱 커졌습니다. 하나의 작업을 집과 사무실 두 군데서 하게 되는 경우 자료 관리가 제대로 되어 있지 않으면 낭패를 보기 십상이죠. 설상가상, 스마트폰의 영리한 기능으로 무장한 정보 수집의 달인들이 이제 AI가 만들어 내는 정보들까지 수집해 들이면서 정보를 활용하기는커녕 저장한 정보를 찾아다니느라 업무가 마비될지도 모를 일입니다. '지식관리'는 이러한 불상사를 막기 위해 동원되는 생산성 향상 시스템입니다. 기업이나 조직은 구성원의 업무 생산성을 높여주는 효과를 제공하는 지식관리 시스템을 구축하기도 합니다. 회사 밖, 머리로 일하는 개인들에게도 지식관리는 필수입니다.

부자머리의 핵심 : 읽는 것마다 돈으로 바꾸는 지식관리

부자들은 사업과 투자 국면에서 정보를 활용하여 문제를 해결합니다. 의미 있는 정보들을 활용해야 비판적인 사고가 가능하고 그래야 의미 있고 효과적인 의사결정이 가능합니다. 지금처럼 과잉정보, 정보 과부하가 기본인 시대에 의사결정은 정보처리능력에 좌우됩니다. 하지만 죽자고 읽어도 돌아서면 잊어버리고, 독서모임 가입하고 인터넷 서점 VVIP로 예우를 받을 만큼 사서 읽어도 정작 써먹지는 못하고, 독서가 아니면 죽음을 달라는 듯 매진해도 읽는 대로, 읽은 만큼 써먹지 못한다면, 이런 독서는 자기만족에 불과합니다. 대다수의 사람들은 앱을 활용하다가 괜찮다 싶은 것이면 캡처 또는 링크를 저장해 둡니다. 그리고는 잊어버리죠. 이런 습관으로는 부자머리를 만들 수 없습니다. 읽는 대로 거두고 읽은 만큼 써먹으려면 우리가 입력한 지식을 필요할 때 바로바로 소환하여 활용할 수 있어야 합니다. 이런 작업을 지식관리라고 합니다. AI 시대 경쟁력으로서의 독해력은 지식을 관리하는 것으로 시작됩니다.

부자머리 독해력 리스킬링 ②
레고 블록 스타일 지식관리

어떤 문제를 사전이나 인터넷에서 찾아 이해하려면 그 문제에 대해 아는 게 제법 많아야 합니다. AI에게 물어 문제를 해결하려 해도 사전 지식이 필요합니다. 독해력이 발휘되려면 배경지식이 필요하고 배경지식을 쌓으려면 독해력이 요구됩니다. 그래서 독해력 고수들은 지식을 입수하는 데뿐 아니라 그 지식을 관리하는 데도 달인입니다.

"정보가 곧장 지식으로 바뀌는 것은 아니다. 또 정보 자체는 아무것
도 할 수 없다. 지식화해야 힘이 된다."

『설득의 심리학』으로 유명한 심리학 로버트 치알디니의 말입니다. 정보를 나만의 것으로 만들어야 비로소 지식이 된다는 설명이죠. 정보를 지식화하기는 지식관리의 제1규칙입니다.

독해력 고수들에게 지식관리란 수집한 정보를 이해하고 소화하여

나의 지식으로 만드는 것입니다. 보관처는 외장하드나 온라인 스토리지가 되겠지요. 우리의 두뇌는 창고가 아니어서 스토리지에 하나하나 차곡차곡 쟁였다가 활용합니다.

독해력 고수들은 정보를 지식으로 만들 때 레고 블록처럼 최소 단위로 분해하여 저장합니다. 담아 두고 싶은 내용을 최소한의 단위로 쪼갭니다. 메모하고 보관함으로써 독해력의 연료인 배경지식을 쌓아 갑니다.

"레고블록처럼 한 번에 하나씩"

제텔카스텐(Zettelkasten)은 독일 사회학자 니클라스 루만(Niklas Luhmann)이 개발하고 보급한 지식관리 시스템입니다. 정보를 수집하고 이를 토대로 아이디어를 만들어 가는 과정에서 정보와 아이디어 간의 관계를 체계적으로 정리하고 연결하는 데 중점을 둡니다. 제텔카스텐은 정보와 정보, 정보와 아이디어, 아이디어와 아이디어를 서로 연결할 수 있게 하여 창의성을 자극하고 새로운 통찰을 만들어 내게 돕습니다.

우리가 읽는 글 한 편은 단일한 아이디어만을 다루는 게 아니죠. 여러 사실과 주장, 근거, 예시와 사례들이 서로 영향을 미치며 맥락을 형성합니다. 따라서 이 특정한 맥락 안에 존재하는 주장, 근거, 예시, 사례들을 일일이 추출하여 보관해야 합니다. 그래야 필요할 때

하나하나씩 사용할 수 있습니다. 루만 교수는 최소한의 단위로 쪼갠 정보를 '노트'라 부릅니다. 하나의 노트에는 하나의 주장이나 의미만 담아냅니다. 루만 교수가 레고 블록을 예를 들어 하는 설명을 들으면 이해가 빠릅니다.

"우리가 습득하는 정보는 완성된 레고 작품에 비유할 수 있다. 여러 블록들이 합쳐져 하나의 모습을 표현하는 것이다. 이렇게 완성된 레고 작품은 그 자체로 의미를 전달하지만 다른 작품을 만들 때 재사용하기는 어렵다. 그러나 레고를 분해하여 각각의 블록들을 가지고 있으면 이들을 훨씬 쉽게 다른 작품에 재사용할 수 있다."

부자머리 독해력 리스킬링 ③
밀프렙 스타일 지식관리

인플루언서 '홀썸모먼트'는 '집밥 고수'입니다. 코로나19 팬데믹 3년 동안 3,000끼의 집밥을 해먹었으니 '고수'가 분명합니다. 이런 그가 집밥을 척척 차리기까지 겪은 가장 큰 어려움은 요리를 하는 데 너무 많은 시간과 노력이 필요하다는 것. 고민 끝에 그는 '라면처럼 쉽고 빠르게 집밥을 뚝딱 차려내는 비법'을 발견합니다. 이름 하여 밀프렙. 밀프렙은 '식사'를 뜻하는 밀meal과 '준비하다'의 프렙 preparing을 뜻하는 말입니다. 이 비법은 일정 기간의 식사를 미리 준비해 끼니 때마다 꺼내 먹는 것을 말합니다. 요리는 재료 준비에 가장 많은 시간과 노력이 들어갑니다. 그 중 채소 손질에는 더 많은 수고가 필요하므로 장을 본 다음 채소를 미리 세척하고, 먹기 좋은 크기로 잘라 보관하면 요리하는 시간을 획기적으로 줄일 수 있는 거죠. 미리 식단을 계획하고 재료를 준비해 둔다면 재료를 씻고 자르고 다듬는 과정 없이 집밥을 더 쉽게 차릴 수 있겠죠? 홀썸모먼트의 비법, 밀프렙은 2단계입니다.

1. 주요 재료를 미리 손질하기

집밥에 자주 등장하는 재료들을 미리 마련하여 다듬고 씻고 썰어서 보관합니다.

2. 밀키트 만들기

바로바로 조리에 활용할 수 있도록 미리 씻어 준비해 둔 재료를 메뉴에 맞춰 자르고 손질해 보관 용기에 담아 둡니다.

홀썸모먼트가 조곤조곤 설명한 이 내용은 거침없이 읽고 막힘없이 써먹는 부자들의 독서법의 완성인 지식관리와 매우 흡사합니다.

밀프렙처럼 지식 관리하기

독서법의 고전이라 불리는 『독서의 기술*How to read a book*』의 저자인 철학자 모티머 애들러는 '공주제적 독서(Syntopical Reading)'를 최고 단계의 독서라 꼽습니다. 한마디로 '써먹는 독서'입니다. 대학에서 리포트나 논문을 작성하려면 자연스럽게 많은 책이나 자료를 읽어야 합니다. 논문 작성에 필요한 특정한 이슈, 주제, 사상, 이론을 다룬 책들을 연이어 읽게 되는데, 생각의 줄기가 일정한 방향성을 띨 수 있게 생각의 판을 짜는 작업입니다.

"주제적 독서는 특정한 주제, 문제의식, 질문에 자기만의 생각을 가지고자 하는 이의 읽기이고, 지식을 축적하는 데 그치지 않고 주체적으로 생산하고자 하는 이의 공부법이다."

책을 읽고 활용하는 독서를 하려면 책의 내용과 읽는 동안 생성된 생각이나 느낌, 연상, 연결 등의 자료를 잘 보관해 두어야 합니다. 써먹을 수 있게 정리하고 보관해야 합니다. 세계적인 생산성 전문가 티아고 포르테도 생산을 위한 독서를 강조하며 이를 위해 지식관리를 강조합니다.

"우리가 정보를 모으고 보관하는 이유는 잘 쌓아 두기 위해서가 아니다. 이를 유용하게 사용하기 위해서, 즉 '생산'을 위해서이다."

지식관리 밀프렙-묵찌빠

고수들의 독해력은 콘텐츠 생산으로 빛을 봅니다. 고수들은 우연히 만난 정보 또 일부러 찾아낸 정보들을 관심사에 맞게 정리 정돈 정련하여 써먹기 좋게 보관합니다. 독해력 고수들의 지식관리 핵심 과정을 나는 '묵찌빠'로 설명합니다.

묵 : 발견 즉시 채집한다. 주먹으로 움켜쥐듯.

찌 : 최소 단위로 분해한다. 가위로 자르듯.

빠 : 최소 단위로 분해한 지식은 제목과 설명 포맷으로 보관한다. 보자기로 싸서.

독해력이 지식관리로 구체화된다는 것은 픽션에서도 예외가 없습니다.

"내 글공장에서 가장 중요한 작업장은 매일 산더미처럼 밀려들어오는 재료들을 사용하기 좋게 절단하고 분류하는 일을 하는 '글감 분류실'이다. 가벼운 감상부터 스치듯 지나가는 생각들, 심오한 철학적 주제들, 텔레비전에서 얻은 정보, 누군가에게 주워들은 이야기 등 수많은 글감들을 매일 분류하고 절단하고 병합한다."

소설가 김중혁 님의 지식관리 방법입니다. 텍스트 기반 콘텐츠를 만드는 고수들은 독해력이 탁월합니다. 그들의 독해력은 지식관리로 마무리됩니다.

부자머리 독해력을 키우는 단 하나의 솔루션 '부자의 독서법'

우리가 닮고 싶어 하는 부자들이 부와 성공을 만들고 지키고 키워온 비결, 부자머리 독해력 솔루션 '부자의 독서법'을 소개합니다. 부자들이 무엇을 어떻게 읽고 이해하여 자신의 것으로 만드는지, 어떤 과정을 거쳐 그것들이 부를 일구는지 '부자머리'의 정체를 알게 됩니다. 부자머리 독해력을 만들고 키우는 그들만의 솔루션을 묶어낸 '부자의 독서법'을 읽으며 당신이 읽는 내용에 놀라지 말고, 이 내용을 읽을 수 있다는 그 기적에 놀라서 숨이 막히기를 기대합니다.

PART 2

자수성가 부자들의 공통분모

책의 힘은 회초리 같아요.
싸리 회초리 하나는 별 힘을 못 쓰지만,
싸리 회초리 한 묶음은 절대 부러지지도 않고
엄청난 힘을 발휘하거든요.

— 작자 미상

부자되는 4가지 경로,
당신의 선택은?

　'운 좋은 정자(精子) 클럽 회원들'. 이 말은 워런 버핏이 초부유층 집안 자녀들을 지칭할 때 쓰는 것으로, 그들의 고삐가 풀려 "엉망!"이라고 불평하고 싶을 때 사용합니다. 우리가 '금수저'라 부르며 못내 부러워하는 그들이지만, 실상 그 부를 그리 오래 누리지는 못한답니다. 미국이나 유럽에서도 부가 대대로 승계될 확률은 그리 높지 않아 아버지에서 아들로 승계되어 유지할 확률은 20퍼센트, 손자까지는 단 1퍼센트에 불과하답니다. 금수저를 물고 태어난다 해도 제대로 지켜내기가 그만큼 어렵다고 하니 "부자 삼대 못 간다"는 말은 사실인가 봅니다.

　미국 경제 월간지 〈포브스〉는 해마다 부자 400명을 순서대로 발표하는데, 그중 70퍼센트가량이 '자수성가형' 창업 1세대들입니다. 〈포브스〉는 타고난 부자보다 중산층 가정에서 자라 교육받은 사람이 갑부 대열에 올라설 확률이 높다고 분석하며 "진정한 부자가 되려면 치열하게 살면서 자신의 힘으로 부를 일궈야 한다"고 힘주어 말합니다. 자신의 힘으로 일군 것이 아니면 자기 것이 될 수 없기에 워런 버핏 같은 세계적인 부자들은 부를 대물림하지 않습니다. 그 자식들도 맨입으로 금수저를 물 생각은 하지 않는다지요.

그렇다면 금수저를 물려받지 않은 이들은 어떻게 부자가 되는 걸까요? 미국의 부자연구가 톰 콜리는 부자되는 경로는 크게 네 가지라고 합니다.

① 저축 투자형
② 꿈 추구형
③ 회사원으로 성공하기형
④ 전문직형

하나씩 살펴보겠습니다.

악착같이 모아서 불리는 저축 투자형 22%

종잣돈을 모아 투자자로 변신하는 경로입니다. 톰 콜리가 만난 이 경로를 택한 사람들은 초기 연봉이 1억 원가량인 중산층 소득자이거나 검소하게 생활하여 거액의 종잣돈을 모은 경우입니다. 이들은 직업과 상관없이 저축과 투자가 생활의 일부였으며 부를 키우는 방법에 대해 관심이 많았다고 합니다. 그들은 보통 30대 중반에 10억 원 이상을 모았고, 50대 중반에 평균 50억 원 정도의 투자재산을 보유했다고 해요. 미국의 투자 귀재 워런 버핏 같은 사람이 전형적인 저축 투자형이지요. 일찌감치 그리고 신중하게 저축한 돈을 투자하여 소득을 올리는 이 방법은 얼핏 쉬워 보이지만, 이 경로의 사람들은 적게 쓰고 과소비를 모르며 스스로 정한 재정규율을 엄격하게 지켜냅니다. 또한 투자에서도 자신과의 기나긴 약속을 이행하는 사람들이라 실제로는 그리 녹록지 않은 경로라고 톰 콜리는 말합니다.

좋아하는 일로 대박 난 꿈 추구형 28%

뜻하는 바를 좇아 매진한 결과로 부자가 되는 경로입니다. 창업을 하거나 배우, 음악가, 작가 등 꿈을 추구하여 부자가 된 경우인데 부자가 되는 경로 중 아주 고된 길이라고 합니다. 좋아하는 일을 하며 살면 흥미도 재미도 의미도 충만하지만 실제로는 일과 생활의 경계가 없이 일해야 하고 안정될 때까지는 일정한 수입이 없어 돈 문제로 고생도 엄청 한답니다. 성공 여부도 예측하기 어렵고요. 하지만 한번 '떴다' 하면 돈방석에 앉습니다. 이 경로를 택한 부자는 평균 12년 걸려 80억 원의 재산을 모았고, 28퍼센트가 이 유형에 속한다고 합니다.

영혼을 갈아 넣은 회사원으로 성공하기형 31%

직장인이 부자되는 경로입니다. 회사를 위해 열정과 에너지는 물론 영혼을 갈아 넣고서야 부자가 될 수 있는 경로지요. 신입사원으로

입사, 임원이 되어야 가능하며 회사의 선택을 받아야 합니다. 톰 콜리가 파악한 부자경로 중 두 번째로 힘든 길이라 합니다. 회사가 놓치고 싶어하지 않는 역량을 갖춰야 하며 인맥도 탄탄하고 리더십도 발휘해야 합니다. 부자의 31퍼센트가 이 유형에 속하고, 평균 23년 일해 50억 원 상당의 재산을 모은다고 합니다.

의사, 변호사, 회계사 등 전문직형 19%

전문지식과 기술로 자기 분야에서 어느 정도 지위에 오른 사람들이 부자되는 경로입니다. 조사 대상 부자의 19퍼센트가 이 유형에 속하는데, 전문직 중에서도 의사와 변호사가 대부분이라 합니다. 보통 20년 일해 평균 50억 원 정도의 재산을 모았다고 합니다. 타고난 재능이 필수요건은 아니지만 오랜 시간 공부해야 하고 필수과정을 거쳐야 합니다. 상당한 시간과 돈이 들어간다는 뜻입니다.

톰 콜리가 밝힌 부자경로 네 가지를 보면 우리가 벼락부자를 꿈꾸며 시간과 돈을 들이는 부동산이나 주식, 코인투자는 부자되는 길 중의 하나입니다. 종잣돈 모아 투자하기라는 경로도 결국엔 직업을 통해 돈을 벌고 모으는 것으로 시작합니다. 결론적으로 부자란 어느 경로를 택하든 그 자체로 목표가 아니라 먹고사는 동안 공들인 것에 대한 성과라는 생각이 듭니다. 실제 부자가 된 사람들은 책읽기라는 인풋이 있어 부자라는 아웃풋에 도달했다고 증언합니다. 이 이야기는 차차 자세히 다루도록 하겠습니다.

자수성가 부자들의
필수 자격 요건 3

부자들은 무엇을 어떻게 더 했기에 부자가 된 걸까요? 워런 버핏의 단짝으로 유명한, 버크셔 해서웨이의 찰리 멍거 부회장은 이렇게 콕 찍어 말해줍니다.

"당신이 원하는 것을 얻기 위해서는, 당신은 그것을 가질 자격을 먼저 획득해야 한다. 이 세상은 아직 가질 자격이 없는 자들에게 그들이 원하는 것을 다 줄 수 있을 만큼 불공평하지 않다."

원하는 것을 얻으려면 그것을 가질 자격을 먼저 획득해야 한다고 엄하게 말합니다. 부자되는 데 필요한 자격이란 어떤 것일까요? 수많은 자료에서 찾고, 부자들이 직접 공개한 비결과 그들이 보탠 조언을 종합하면 부자되는 필수 자격 요건은 세 가지로 압축됩니다. 이 세 가지 요건은 앞에서 살펴본 부자되는 경로 중 어떤 것을 택하든 반드시 갖춰야 할 것들입니다.

부자의 필수 자격 요건 3

- 죽어도 빚지지 않는다.
- 죽도록 일한다.
- 죽자고 읽는다.

죽어도 빚지지 않는다

재산이 얼마냐를 기준으로 전 세계인 78억 명을 줄 세운다면 당신은 몇 번째쯤일까요? 황당한 질문 같지만 1등에서 400등까지는 알 수 있습니다. 〈포브스〉에서 해마다 발표하는 '포브스 400대 부자' 등수를 보면 되니까요. 이 400등에는 우리가 경외해 마지않는 세계적인 부자들이 망라되어 있습니다. 워런 버핏, 제프 베이조스, 빌 게이츠, 마크 저커버그 등등. 이들은 대체 어떻게 부자가 되었을까요? 〈포브스〉가 알아낸, 세계 1등에서 400등까지의 부자들이 재산을 모은 가장 좋은 방법으로 추천한 것이 바로!

"죽어도 빚지지 않는다."

이들 400명 가운데 무려 75퍼센트가 "빚을 완전히 없애고, 계속해서 빚 없는 상태를 유지해야 재산을 모을 수 있다!"고 했답니다. 재무

상담사로서 오랫동안 수많은 백만장자를 만나온 데이브 램지도 말합니다.

"경제적 독립을 이루려면 주위 사람들과 정반대의 길을 가라. 빚을 레버리지(지렛대)라 포장하는 사람들이 많은데, 신용카드 포인트로 부자가 된 사람은 단 한 명도 없다. 빚부터 없애라."

죽도록 일한다

부자의 자격 요건 두 번째는 '죽도록 일한다'입니다. 이것은 부자들의 공통점이기도 합니다. 슈퍼리치들은 아직도 죽도록 일합니다. 빌 게이츠가 하루 버는 돈이 100억 원이라는데, 이 돈이면 평생 놀고 먹어도 될 텐데 그는 아직도 맹렬하게 일합니다.

그들이 부자가 된 것은 재테크를 잘해서가 아닙니다. 일하며 번 돈이 자가증식한 덕분이지요. 워런 버핏은 열한 살 때부터 '투자' 일을 시작했습니다. 90대인 지금도 매일 출근하여 일을 합니다. 빌 게이츠는 열여덟 살 때부터 컴퓨터 프로그래밍을 시작하여 마이크로소프트를 세우고 나서도 매일 회사에 나가 일을 했습니다. 전기차 테슬라, 화성여행 스페이스X 같은 놀라운 사업으로 인류를 들뜨게 하는 일론 머스크도 평생 하루 열네 시간 일했다고 합니다.

오해가 없도록 설명을 보태자면, 저도 잘 압니다. 죽도록 해야 하는 것은 일이 아니라 돈 모으기라는 것을. 일을 해서 돈을 버는 속도

보다 돈이 돈을 낳는 속도가 엄청나게 더 빠르니, 일이 아니라 돈 모으기에 매진하여 돈이 돈을 벌고 돈이 돈을 낳게 해야 한다는 것을 너무도 잘 압니다. '부자되려면 죽도록 일하라'는 조건은 이 명제에 반하는 것이 아니라 돈이 돈을 벌게 하라는 명제가 '더 이상 일하지 말라'거나 '일하는 시대는 끝났다'와 같은 극단의 사고로 이어지는 것을 경계하자는 것입니다. 일하지 않고 돈 벌기에 매진하기는 부자의 조건이 아니라는 것을 말하고 싶은 것입니다.

죽자고 읽는다

부자들은 자신에게 투자하는 것이 비법의 핵심이라고 말합니다. 워런 버핏은 부자되는 비결을 이렇게 말합니다.

"최고의 투자는 자기 자신에게 하는 투자이고 나 자신을 최고의 자산으로 만들어야 부자가 될 수 있다. 자신에게 하는 투자 중 최고는 책읽기다."

부자들이 부를 만들고 지키고 키워온 비법은 "부자되려면 책 읽어라" 이 한마디로 정리됩니다. 책을 읽는다고 부자된다는 보장은 없지만 부자들은 책을 읽습니다. 그 비싼 시간, 부족한 시간을 쪼개고 쪼개가며 기를 쓰고 읽습니다. 부를 일구고 지키고 불리는 데 책읽기 없이는 불가능하다고 부자라면 예외 없이 말합니다. 1909년 노벨화

학상을 수상한 독일의 물리화학자 오스트발트가 추적한 '위인이나 성공한 사람들의 공통점'에서도 '긍정적으로 생각하기'와 함께 책읽기가 언급되었답니다.

워런 버핏(버크셔 해서웨이), 마크 저커버그(페이스북), 일론 머스크(테슬라), 김범수(카카오), 김봉진(배달의 민족). 이들의 공통점은 어마어마한 부자라는 것입니다. 또한 이들은 어마어마하게 책을 읽는 것으로 알려져 있습니다. 이들의 하루 일과의 중심에는 독서가 있습니다. 이들은 왜 책을 읽을까요? 사업에 도움이 되기 때문일까요? 각 분야 최고 전문가들을 고용하여 일을 시키면 훨씬 쉽고 편할 텐데 왜 직접 책을 읽을까요? 해결책이 필요해서라면 강의나 상담, 일대일 코칭 같은 방법이 훨씬 편하지 않나요? 책 한 권 읽는 그 시간을 시간당 인건비로 환산하면 얼만데 책을 읽는 걸까요?

다음 이야기에서 계속 이어가겠습니다.

부자들이 계속 일하는
진짜 이유

여기, 월급쟁이라면 누구나 부러워할 종족이 있습니다. "돈을 많이 벌어 돈이 일하게 만들면 일 안 해도 된다. 그러니 빨리 돈을 벌고 모으고 불려 돈 버는 일에서 은퇴, 놀고먹으며 살겠다!"며 '경제적 자립, 조기 은퇴(Financial Independence, Retire Early)'라는 미션을 앞세운 파이어족입니다.

40대 초반에 회사를 그만두고 700만 원이나 되는 월수입으로 '놀고먹으며' 사는 '바람직한' 전직 월급쟁이 강요수 님. 진정한 파이어족이지요. 중소기업에 다니면서 돈을 모으고 굴려 30억 원의 자산을 만들었고, 이 자산은 43세에 70억 원, 47세에 120억 원대로 불었습니다. 월수입 700만 원을 확보한 다음 사표 던지는 기분이 어떨까요?

"내 월급보다 자산에서 나오는 소득이 많으면 나는 자유로울 수 있겠다고 생각했다. 일하지 않아도 월 700만 원 정도 자산소득이 나오는 시스템을 만들고 사표를 냈다."

"더 이상 청춘을 회사에 낭비하고 싶지 않다"고 말하며 벅찬 마음으로 회사를 나선 그는 '죽을 때까지 놀고먹으며' 행복하게 잘 살았어야 합니다. '일하지 않고 놀고먹고 싶다'는 만인의 꿈을 이뤘으니까요. 이 분의 이야기 한번 들어볼까요?

퇴사한 다음 날부터 그는 하고 싶은 일들을 하나씩 하며 자유를 만끽했답니다. 하고 싶은 일을, 하고 싶은 시간에 하며 지내길 두어 달여. 그때 알았답니다. 놀고먹는 것도 하루 이틀이지, 허구한 날 노는 것도 고역이란 것을. 갑자기 주어진 시간을 무엇으로 채워야 할지, 뭘 하고 놀아야 할지, 준비 없이 마주한 자유로 인해 일할 때보다 오히려 고통스러웠다고 합니다. "막상 파이어족 돼보니 죽겠더라고요." 그분의 증언입니다.

그는 다시 일하기로 했답니다. 회사에 사표를 낸 지 다섯 달 만에. 이번엔 남을 위해서, 회사를 위해서가 아니라 자신을 위해서. 자산에서 1억 원을 떼내 사업에 도전하면서 딱 10년 자리 잡고 다시 은퇴하겠다고 다짐했답니다.

부자들이 일하는 진짜 이유

일하는 것이 그저 돈벌이 수단에 불과하다면 그렇게 많은 돈을 벌어둔 부자들이 계속 일할 리 없습니다. 돈을 벌려고 먹고살 돈을 마련하려고 하는 일이지만 일은 급여 이상의 의미를 안겨줍니다. 사람은 일을 통해 의미를 찾고 행복을 느낍니다. 인생의 목적 중 하나가 자아실현이라면 일은 그 최고의 방법입니다.

놀고먹는 것이 행복의 전부라면 워런 버핏이 투자회사의 회장직을 수행하느라 매일 80퍼센트의 시간을 책 읽으며 공부하는 이유가 설명되지 않습니다. 넷플릭스 다큐멘터리 〈인사이드 빌 게이츠〉를 보세요. 빌 게이츠, 그가 가진 주식이 하루 100억 원의 돈을 번다는데도 하루 일정을 분 단위로 계획하여 일합니다. 그토록 부자가 왜 그렇게 살까요? 스노우폭스 김승호 회장은 왜 그 많은 돈을 가졌음에도 매일 새벽에 일어나 책 읽고 메모하는 일상 속에 살까요? 잠을 더 자는 것으로 건강을 도모하는 것이 더 남는 장사일 텐데 말입니다. 한국 최고 부자에 등극한 카카오 김범수 의장은 무엇이 부족하여 국정감사에 출석하여 연신 미안하다고 고개 숙이는지 설명이 되지 않습니다. 일 안 하고 살면 그럴 일도 없겠지요? 화성에 우주선을 띄우겠다는 일론 머스크도 천슬라(테슬라 주가가 1천 달러를 넘어섰다는 의미)로 전 세계 억만장자 가운데 처음으로 3천억 달러 부자에 등극했다고 뉴스를 장식했는데요, 그는 그날도 하루 종일 일했답니다.

많은 돈을 버는 것이 돈 걱정 않고 입고 먹고 쓰고 하는 호화로운 생활을 위해서라면 워런 버핏이 햄버거에 콜라로 식사를 하며 오마하(미국 네브래스카주 동부에 있는 소도시로 버핏의 고향)라는 시골에 묻혀 사는 것은 어떻게 설명할까요? 워런 버핏의 버킷리스트는 더 많은 돈을 벌어 '흔들리지 않는 세계 최고의 부자가 되겠다'가 아닙니다.

"항상 다음 사업을 구상하며 인생을 즐기는 것이 나의 버킷리스트
다. 일하는 순간순간이 너무 행복하며 다가올 계약의 규모나 시장
성에 굉장한 에너지를 느낀다."

일을 즐기고 도전에 직면할 때 살아 있음을 느낀다는 그의 버킷리
스트 앞 번호에는 일로 만난 사람들과 평생 파트너십을 갖는다는 것
도 있습니다. 그렇게 많은 돈을 벌었음에도 불구하고 그 나이에 하루
종일 일하는 워런 버핏의 모습을 떠올리면 데이터 전문가 송길영 님
의 메시지가 교차됩니다.

"과거에는 여가와 사치가 사회적 지위의 상징이었지만 이제는 오히
려 일하는 게 지위의 상징이 되었다."

자동화, 무인화로 인해 일반적인 업무에는 인간이 낄 틈이 없으니
바쁘게 일하는 삶이 오히려 자신을 돋보이게 할 것이라고 송길영 님
은 덧붙입니다. 그의 말을 곱씹어 보면, 로봇의 시대에도 일하는 사
람은 행복한 사람이고 창의적인 사람이라는 게 분명합니다. 아티스
트나 장인같이 창의적인 일을 하는 사람은 자신의 일을 계속할 것이
고, 나머지는 일할 기회가 없어질 테니까요. 일할 기회가 사라지면

행복할 기회도 사라지겠지요?

일을 할 수 있는 능력이야말로 가장 안전하고 수익이 높은 자산이며, 이러한 자산을 확보하고 유지하며 키워가기 위해 필수적으로 투자해야 하는 것이 책읽기입니다. 그래서 부자들은 죽자고 책을 읽습니다.

부의 원천,
지식에 투자하는 법

부자된 사람은 책읽기를 일상의 기본값으로 설정해둡니다. 그들에게 책읽기는 선택의 여지없이 매일 반드시 실행하는 규칙입니다. 그들은 아무리 바빠도 30분이라도 매일 책을 읽습니다. 최소 일주일에 한 권은 읽습니다. 재일 교포 실업가 손정의 회장이 창업을 준비하던 시절 3년간 4,000권의 책을 읽었다고 하지요. 사실, 슈퍼리치들이야 필요하다면 얼마든지 각 분야 최고의 전문가들에게 배울 수 있습니다. 어떤 고급과정도 수강할 수 있습니다. 하지만 그들은 책읽기에 매달렸습니다. 왜 하필 책읽기일까요?

가성비 : 가장 저렴하면서 가장 효율적인

슈퍼리치들이 부자가 된 비결은 돈이었을까요? 많은 돈이 돈을 벌게 해준 것일까요? 워런 버핏은 말합니다. 자신의 부의 원천은 돈이 아니라 더 나은 결정을 내릴 수 있게 해준 지식 덕분이라고. 돈을 벌거나 지키거나 늘려가는 데는 지식이 필요합니다. 그래서 지식에 대한 투자가 최고의 투자이며, 지식에 투자하는 방법 중 가장 효과적인 것이 책읽기입니다.

앞에서 살펴본 부자되는 네 가지 경로를 조금만 들여다보아도 경로마다 요구되는 능력이 다르지 않습니다. 특히 급변하는 세상에서 그때그때 대응하는 능력은 필수입니다. 코로나19 팬데믹처럼 전혀 예상치 못한 변화에도 대응하는 유연함에 기반한 문제해결능력은 어느 경로에도 예외가 없습니다. 변화에 대응하는 능력은 새로운 지식을 배우는 것으로 시작합니다. 지식이 반감되는 속도가 빨라져 배우는 속도를 높이지 않으면 따라잡을 수 없습니다. 빨리 바로바로 배우는, 책읽기만큼 효율적으로 새로운 지식을 습득하는 수단은 없습니다.

책읽기는 자신에게 필요한 지식을 자신에게 맞게 배워가는 데도 그만입니다. 미국의 유명한 펀드매니저이자 슈퍼리치인 폴 튜더 존스는 지적자본이 금융자본을 능가할 것이라며, 지적자본을 구축하기 위한 활동 중 최고가 책읽기라고 강조합니다. 더 많이 배우는 사람이 더 많이 번다고들 합니다. 배움의 방법 가운데 책읽기는 가장 저렴하면서 효과 면에서는 가장 탁월합니다.

가심비 : 원하는 인생에 꼭 필요한 슈퍼푸드
『아웃풋 트레이닝』의 저자 가바사와 시온은 일본의 정신과 의사입

니다. 그는 인생에서 가장 중요한 것들로 건강, 돈, 시간, 인간관계, 자기성장, 이 다섯 가지를 꼽습니다. 그에 따르면 이 모든 것을 가능하게 하는 단 하나의 방법이 책읽기랍니다. 이 다섯 가지를 추구하는 과정에서 생기는 문제점은 책을 통해서 해결할 수 있기 때문입니다.

부자들이 지식투자를 위해 책읽기를 선택한 이유 중의 하나는 책이라는 매체의 특성 때문입니다. 책에는 우리 모두를 앞서 살았던 수많은 사람들이 자신의 문제를 해결한 노하우가 축적되어 있습니다. 책에 쓰여 있지 않은 문제는 세상에 없습니다. 부자라고 문제를 겪지 않을 리 있나요? 그러니 부자들이 책읽기에 매달리는 겁니다. 책읽기만한 해결책이 없으니까요. 책을 통하면 지금은 고인이 된 이들의 생각과 지혜와도 만날 수 있습니다. 남이 평생 일군 지혜를 단돈 15,000원에 전수받는 매력은 어떤 방법으로도 따라잡을 수 없습니다.

더구나 책은 전문가 집단이 만든 정련된 콘텐츠입니다. 믿을 수 있는 콘텐츠라 가심비 면에서 탁월합니다. 트위터를 설립한 에반 윌리엄스는 "우리가 소비하는 정보는 우리 몸에 넣는 음식만큼이나 중요하다"고 경고합니다. 우리의 사고, 행동, 세상에서의 위치를 이해하는 방법에 영향을 주기 때문이지요. 이러한 맥락에서 출처가 분명하지 않고 신뢰하기 어려운 인터넷을 통해 얻은 지식 정보가 정크푸드 같은 콘텐츠라면 책은 슈퍼푸드 같은 콘텐츠입니다. 누군가가 제공한 영향력 있는 지식을 몇 시간 만에 편하게 취하여 배울 수 있으니 슈퍼콘텐츠가 맞습니다.

가용성 : 언제 어디서든 바로바로

책은 누구나 언제든 손에 넣을 수 있습니다. 지식을 얻는 방법은
사람, 정보, 경험을 통해서인데, 이 가운데 책을 통한 방법은 편하고
빠릅니다. 천억 원대 재산가나 천만 원대 프리랜서 또는 취업준비생,
집에서 일하는 여성 등 누구나 원하면 바로바로 싼값에 손에 넣을 수
있다는 것이 책읽기의 가장 큰 매력이자 마력입니다.

아무나 못 하는
부자의 습관

올해도 나는 누군가의 편지를 기다렸습니다. 바로 워런 버핏이 주주들에게 해마다 보내는 편지입니다. 투자회사인 버크셔 해서웨이의 주주가 아니라도 온 세계의 언론과 그를 좋아하는 사람들은 편지 내용에 신경을 곤두세웁니다. 그것은 주주레터에 실린 투자에 관한 그의 통찰이 수많은 기업과 산업 리더들, 학자들, 비즈니스맨, 공무원 그리고 개인 투자자에 이르기까지 큰 영향을 주기 때문입니다.

나는 좀 다른 의미로 워런 버핏의 편지가 공개되기를 기다립니다. 그는 나의 글쓰기 선생으로 글쓰기를 가르치는 나에게 언제나 아주 큰 영감과 아이디어를 주기 때문입니다. 주식 투자자라는 전문적인 주제를 다루는 그의 글쓰기 능력은 내가 본받아야 할 최고의 샘플이거든요.

워런 버핏은 억만장자들 사이에서도 손꼽히는 책벌레입니다.

"나는 아침에 사무실에 나가면 자리에 앉아 책을 읽는다. 그리고 여덟 시간 일을 하고 책을 읽으며 잠을 청한다."

그의 하루는 이렇게 책이라는 열쇠로 열리고 닫힙니다.

누구나 할 수 있지만 아무나 못 하는 부자비법

장소는 콜롬비아 대학교 강당. 학생들이 워런 버핏의 강연을 들으려 모였습니다. 그중 한 명이 손을 들어 질문합니다. "당신처럼 투자로 성공하려면 무엇부터 하면 될까요?" 버핏은 잠시 생각하더니 가지고 다니는 가방에서 책, 신문, 서류들을 잔뜩 꺼내 보이며 말합니다. "매일 이런 자료 500페이지를 읽게. 이것이 투자에 대한 지식이 작동하는 방식인데 복리이자처럼 축적이 된다네." 학생들은 그의 입에서 나온 비결이 기대치에 미치지 못한 듯 실망한 눈치였지만, 버핏은 이렇게 못을 박습니다.

"여러분 모두 할 수 있지만, 여러분 중 많은 이들이 할 수 없을 것이라 장담한다네."

『부자습관』의 저자 토마스 콜리는 2억 원가량 또는 그 이상의 연봉을 받는 사람, 유동자산 33억 원 이상을 가진 사람을 부자라 정의합니다. 그는 부자와 부자가 아닌 사람을 대상으로 5년이나 비교 연구했고 마침내 이렇게 결론 내립니다.

"부자가 되는 것은 행운과 무관하며 모든 것은 습관에 달려 있다."

그에 따르면 성공한 사람들이 성공을 낳는 최고의 습관이 책읽기라는 것입니다. 그가 만난 부자들 중 88퍼센트가 하루 30분 이상 독서를 한답니다. 빌 게이츠는 일주일에 한 권, 1년에 약 50권의 책을 읽는답니다. 마크 저커버그는 2주에 한 권씩 책을 읽고, 본업인 전기차보다 우주산업에 더 열심인 테슬라의 일론 머스크는 로켓 만드는 방법도 책을 읽고 배웠다고 할 정도입니다. 단연 최고는 워런 버핏으로 하루 80퍼센트를 독서로 보낸답니다. 그리고 이러한 책읽기 습관이 그를 세계 최고의 투자 전문가로 만들었다는 데 이견이 없답니다. 세계 최고의 투자 전문가로 굳건한 자리를 지키고 있는 지금도 그는 여전히 하루 예닐곱 시간씩 독서를 하며 보낸답니다.

부자들은 경제경영 전문서와 비소설, 위대한 인물의 전기를 주로 읽는답니다. 토마스 콜리가 연구한 자료에 따르면 연수입 4천만 원, 순유동자산 600만 원 이하로 부자가 되지 못한 사람들은 책을 읽지 않거나 단지 재미를 위해서, 머리를 식히기 위해 책을 읽는데, 연예 잡지류를 읽는 경우가 많다고 합니다.

왜 하필 책읽기일까?

책값은 대개 2만 원 미만입니다. 슈퍼리치들이 책을 읽는 데 들이는 시간을 그들이 벌어들이는 수입과 비교하여 계산하면 책읽기에 들이는 비용은 상상을 초월합니다. 그들은 왜 그토록 비싼 비용을 치르며 책을 읽을까요? 왜 책읽기를 비서에게 시키지 않는 걸까요? 토마스 콜리는 부자들이 독서를 하는 가장 큰 이유는 새로운 것을 배우는 데 열정이 남달라서라고 합니다. 새로운 경험에 개방적이고 새 경험을 받아들이는 데 관대한 성향이 책읽기를 즐기게 만든다고 합니다.

한편 워런 버핏의 집무실은 미국 아니 세계의 증권시장을 좌우하는 뉴욕에서 비행기로 네 시간 걸리는 한적한 도시에 있답니다. 그의 사무실에는 낡은 수료증 하나가 액자에 걸려 있는데, 자기계발 프로그램으로 유명한 데일 카네기 코스 수료증이랍니다. 데일 카네기 코스라면 알 만한 사람은 대부분 알고 있어서, 여기저기서 많이 들어본 듯한 내용을 다룬답니다. 그래서 어느 기자가 워런 버핏에게 물었다지요.

"다 아는 내용인데 무슨 도움이 되었겠습니까?"

그러자 워런 버핏은 이렇게 대답했답니다.

"다 아는 것과 다 실행하는 것은 다르지 않소?"

책을 2배 더 읽으면
연봉이 3배 더 는다

1990년대 초반 『전설로 떠나는 월가의 영웅』이란 책을 편집하고 제작하는 일을 하며 피터 린치를 처음 알게 되었습니다. 그는 워런 버핏과 쌍벽을 이루는 주식투자계의 전설이지요. 그에게도 투자 노하우를 배우겠다며 따라다니는 사람들이 많습니다. 피터 린치는 그들에게 아주 중요한 노하우 하나를 공개합니다.

"그 시간에 책 읽으세요."

공부 없이 하는 투자는 패도 보지 않고 치는 포커와 마찬가지니 투자기법을 배우려는 시간에 책을 읽는 것이 훨씬 남는 장사라고 합니다. 피터 린치는 주식투자능력은 타고나는 것이 아니어서 책을 읽으며 공부하는 것이 최고의 투자기법이라고 말합니다.

부자들도 예외 없이 "책을 읽으며 공부하라"고 말합니다. 그런데 정말 책 읽는 사람은 부자일까요? 연봉이 높으면 책을 많이 읽을까요? 결론부터 말하면 부자는 책읽기 순입니다. 일본에서는 다양한 방법으로 이 주제에 대해 집중 탐구했더군요. 한번 살펴볼까요.

연봉이 높으면 책값도 많이 쓴다

〈일본경제신문〉 조사에서는 돈을 잘 버는 사람의 한 달 책 구입비가 그렇지 못한 사람보다 훨씬 많은 것으로 나타났답니다. 연봉 8천만 원 이상인 사람은 한 달 책 구입비로 3만 원가량을 지출했고, 4천만 원에서 8천만 원까지는 2만6천 원, 4천만 원 미만인 경우에는 1만9천 원가량을 지출했습니다. 또 연봉 8천만 원을 받는 이들이 4천만 원 미만의 연봉자들보다 약 1.5배 더 책을 읽는 것으로 추산하고 있습니다. 이 자료만으로도 책 구입비가 많을수록 돈을 더 잘 번다는 추론이 가능하니 연봉 순위는 책읽기 순이 맞습니다.

일본 비즈니스잡지 〈프레지던트〉가 연구한 자료 "연봉 1,800만 엔의 공부법"을 보면 돈 잘 버는 사람이 책을 많이 읽는 게 확실합니다. 이 연구에서 돈을 잘 버는 사람의 66퍼센트는 공부를 할수록 수입이 많아진다 했습니다. 한 달에 4권 이상 책을 본다고 답한 비율이 연봉 1억5천만 원 이상인 경우 35퍼센트, 연봉 8천만 원대 18퍼센트, 연봉 5천만 원대 17퍼센트. 연봉이 1억5천만 원 넘는 사람들이 연봉 1억원이 못 되는 사람들보다 2배가량 많이 읽는 셈입니다. 또 40세 이상, 연봉 1억8천만 원 이상의 사람들은 월평균 5.4권 읽는 데 비해 연봉 6천만 원대는 월평균 2.5권 읽습니다. 이 기준에서는 독서량이 2배 많은 사람이, 연봉이 3배나 많습니다.

일본의 공인회계사이자 경영컨설턴트인 카나가와 현고가 조사하여 발표한 자료를 보더라도 연봉이 책읽기 순입니다. 일본의 20, 30대 직장인은 월평균 0.26권밖에 읽지 않는데, 30대에서 연봉 3억 원 받는 사람이 월평균 9.88권을 읽고 있습니다. 독서량의 차이가 무려 38배나 된다고 하니 놀랍습니다. 이 자료들에 따르면 억대 연봉을 받는 사람은 한 달에 최소 4권의 책을 읽습니다. 일본 출판문화산업진흥재단이 조사한 결과도 유사한 내용입니다. 연봉 1억 원에서 1억5천만 원대의 고액 연봉자가 한 달에 3~4권 읽는 사람이 24퍼센트나 됩니다. 반면 연봉 3천만 원 미만은 평균치 독서도 하지 않는 것으로 드러났다고 합니다.

미국에서의 조사결과도 다르지 않습니다. 한 경제잡지에서 빌 게이츠와 워런 버핏 같은 슈퍼리치를 비롯한 부유층과 연봉 3천만 원 이하 직장인의 독서량에 대해 연구했는데, 부유층의 88퍼센트가 하루 30분 이상 비즈니스 관련 책을 읽는다고 합니다. 그들 중 86퍼센트가 독서가였고, 그중 63퍼센트는 심지어 이동시간에도 오디오북과 유튜브를 시청한다고 합니다. 반면 연봉 3천만 원 이하는 2퍼센트만이 책을 읽는 것으로 조사되었답니다.

우리나라의 경우도 비슷한 연구조사를 한 적이 있습니다. 한국직업능력개발원에서 2004년 당시 국내 중3이던 학생들의 책읽기가 대학입시에서 어떤 점수를 얻고, 추후 어떤 직장을 얻었는지 12년 동안 추적했답니다. 교양과 문학 책을 고1~3 사이 각각 몇 권씩 읽었는지 조사했는데, 중학생 때 책을 많이 읽은 학생들은 과목별 수능 표준점수가 최고 22점 뛰었고, 대기업·공기업 등 '괜찮은 일자리'에 들어가는 비율이 20퍼센트 높았다지요.

책읽기 격차는 임금 격차로도 연결됐는데, 고등학생 때 교양 책을 11권 이상 읽었던 학생이 현재 직장에서 받는 월평균 임금은 229만 원이었고, 한 권도 읽지 않은 학생은 213만 원 정도로 조사됐습니다. 책을 많이 읽은 결과가 매달 16만 원, 연봉으로 따지면 192만 원의 차이를 벌렸다는 것입니다. 또 학창 시절 책을 자주 손에 쥐었던 학생은 훗날 직장에 들어간 후 독서하지 않은 학생들보다 200만 원 더 많은 연봉을 받는 것으로 나타났습니다. 이탈리아의 파도바 대학의 조사도 이와 같았답니다. 어린 시절 학교 이외에서 10권 이상의 책을 읽은 사람은 읽지 못한 사람보다 20퍼센트 이상 연봉이 많았답니다.

책 읽는 사람이 연봉이 높을까요? 연봉이 높으면 책을 많이 읽을까요? 이 질문에 대한 답을 정리하면 이렇습니다.

부자는 책읽기 순이다.

슈퍼리치들이 손꼽는
인플레시대 최고의 투자종목

고수들은 위기를 기회로 받아들이지요. 인플레가 심할 때 투자할 종목을 따로 챙겨 쏠쏠하게 재미를 보는 이들이 고수랍니다. 고수 중의 고수, 투자에 관한 한 세계 최고 고수인 워런 버핏에게 인플레시대 최고의 투자종목을 찍어달라고 하면 뭐라고 할까요?

"인플레이션으로부터 자산을 보호하기 위한 최선책은 자신에게 투자하는 것!"

최고의 교사라면, 최고의 외과의사라면, 최고의 변호사라면 화폐가치가 어떻게 되더라도 국가 경제의 한몫을 차지할 것이기에 그런 차원에서 궁극적으로 가장 좋은 투자종목은 자기 자신이라고 워런 버핏은 말합니다. 스스로 최고가 되기 위해 노력하는 것이 최고의 투자라고 말입니다.

그런 다음 차선책으로 훌륭한 사업의 일부를 소유하는 주식투자에 나서야 한다고 우선순위를 확실히 정해줍니다. 인플레든 아니든 본래 하던 일에나 최선을 다하라 합니다. 워런 버핏은 최고의 투자는 돈을 잃지 않는 것이라고 늘 강조합니다. 부업으로 돈 버느라 본업이 부실해지면 그리하여 최선과 차선의 순위가 바뀌면 적어도 워런 버핏이 말하는 최고의 투자는 아닌 것입니다. 돈은 조금 더 벌었더라도 본업이 부실해지면 가장 큰 가치를 잃는 것이니까요.

부자가 되려면 부자 옆에 줄을 서라

인플레 경보가 내리기 이전에도 우리는 자신에게 적잖이 투자했습니다. 자기계발이라는 명목으로 이것저것 참으로 많은 것에 많은 시간과 비용을 들였습니다. 하지만 의도한 효과가 나지 않아 더 많은 시간과 비용을 들여야 하나 고민입니다. 이쯤 되면 자기계발은 투자가 아니라 소비입니다.

그런데 부자들은 책읽기라는 단일종목으로 자기계발을 합니다. 심지어 부자들은 자기계발인 책읽기에 들인 시간, 돈, 관심 즉 비용조차 자산으로 바꾸고 수익을 냅니다. 예를 들어볼까요. 여기, 시간당 100만 원을 버는 부자가 있습니다. 15,000원짜리 투자심리학 책을 일주일에 걸쳐 읽습니다. 그러면 그는 책 한 권 읽는 데 7백여만원을 들이는 셈입니다. 돈이나 다름없는 관심비용을 빼고도 이 정도입니다.

책값 + 책 읽는 데 들인 시간(하루 1시간 × 7일) + 관심=

15,000원+시간당 1,000,000원×7+α =7,015,000원+α

부자들은 7백여만 원을 들여 책을 읽는 데 그치지 않습니다. 책에서 얻어낸 지식이나 정보를 자신의 것으로 만들어 지식자산으로 구축합니다. 이 지식자산을 실전투자에 적용하여 높은 수익을 올리거나 또는 남들 다 망할 때 손실을 보전합니다. 이것이 바로 부자들이 책읽기를 자산으로 구축하여 수익을 올리는 방식입니다.

책읽기가 부자들이 예외 없이 챙기는 투자종목이라면 우리 월급쟁이도 책읽기로 부자될 수 있을까요? 결론부터 말하면 물론입니다. 책읽기로 부자의 줄에 설 수 있기 때문이지요. 부자가 되려면 부자 옆에 줄을 서야 한다고 부자들도 이구동성 말합니다.

"부자 옆에 줄 서는 방법으로 책읽기만한 게 없다."

자타칭 부자되는 책읽기 전도사인 사업가 켈리 최는 '책읽기'라는 도구를 가지면 부자들이 생각하는 방식을 알아내 그들처럼 생각하고 부자가 될 수 있다고 조언합니다. 부자의 줄에 선다는 것은 부자처럼 생각하고 부자처럼 행동하는 것을 말합니다. 워런 버핏과 점심 한 끼 먹으려고 46억 원이나 들이는 것은 워런 버핏처럼 생각하고 워런 버핏처럼 행동하기를 배우기 위해서입니다. 우리에게 그만한 돈은 없지만 그가 쓴 자서전 『스노볼』이 있습니다. 이 책을 읽는 동안 워런 버핏과 몇 날 며칠 삼시 세끼를 먹으며 그에게서 많은 것을 배울 수 있습니다. 서점에는 우리를 대신해서 부자들을 만나고 연구하여 부자들처럼 생각하고 살아가는 법을 알려주는 책들이 널려 있습니다. 그 책들을 발판으로 부자 옆에 줄을 서시기 바랍니다.

돈 만드는 책읽기
5시간 규칙

　네이버 카페 '월급쟁이 부자들' 회원들에게 '만나고 싶은 우리나라 부자'가 누구냐고 물었습니다. 압도적으로 많은 회원들이 김승호 회장을 꼽았습니다. 4천억 자산가인 김승호 회장은 그 자산을 만든 비결은 책읽기며, 또 그 자산을 지키기 위해서 매일 하는 일 역시 책읽기라고 합니다. 그는 매일 2시간씩 책과 신문과 인터넷 콘텐츠를 읽는답니다. 책읽기에서 관건은 시간인데요, 책읽기로 부자가 되려면 얼마나 많은 시간을 들여야 할까요? 생업에 쫓기느라 잠잘 시간도 부족한데 어떻게 매일 그 정도의 책 읽는 시간을 확보할 수 있을까요?

매일 1시간 투자하면 어떤 성공도 가능하다
　마이클 시몬스는 창업자 정신을 널리 알리는 미국의 사업가입니다. 자수성가한 사람들의 성공비결이 궁금했던 그는 10년간 일론 머스크, 제프 베이조스, 빌 게이츠, 워런 버핏 등 슈퍼리치들을 연구했답니다. 그렇게 탄생한 것이 '5시간 규칙'. 매일 하루 1시간씩 꾸준히 일주일에 5시간 투자하면 어떤 성공도 가능하다는 것입니다. 그는 억만장자들은 매일 1시간씩 읽기에 투자했고 평생 지속한다고 이야기합니다. 자수성가하고 싶다면, 부자가 되고 싶다면 매일 1시간씩 일주일에 5시간 책을 읽을 것을 권합니다. 그리고 이 간단한 성공규칙에 절대 예외를 허용해서는 안 된다고 못을 박습니다. 하루 1시간 책읽기에 시간을 낼 수 없을 오만 가지 핑계, 변명은 언제든 따라붙기에 절대 예외는 없다고.

마이클 시몬스는 이 5시간의 규칙을 기업과 개인들에게 유료 프로그램으로 전수하고 있는데요, '월급쟁이 부자되는 책읽기 5시간의 규칙'을 지금부터 우리 일상에 새겨넣으면 좋겠습니다. 마이클 시몬스는 이 규칙을 지켜 성공한 사람의 원조로 '미국 건국의 아버지들' 중 한 사람인 벤저민 프랭클린을 꼽습니다. 돈이 없어 배울 수도 없었던 벤저민 프랭클린이 아메리칸 드림의 상징이 될 수 있었던 것은 아침에 일찍 일어나서 글을 읽고 쓰는 것으로 하루를 시작한 5시간 법칙에 있다고 보기 때문입니다.

일주일 1권 읽기에 도전하라

여간 반가운 소식이 아닙니다. 매일 1시간씩만 책을 읽으면 부자가 될 수 있다니요. 그런데 매일 1시간 책을 읽으면 일주일에 몇 권이나 읽을 수 있을까요? 책 한 권 읽는 데 들인 시간은 개인차가 매우 큽니다. 책의 종류도 천차만별이고 어느 책을 읽든 읽기만 하는 것이 아니라 이해도 할 수 있어야 하니까요. 그런 이유로 매일 1시간씩 일주일에 책을 얼마나 읽을 수 있는지 평균을 내기는 어렵습니다. 하지만 역산은 가능합니다. 책 한 권을 일주일 이상 질질 끌면 제대로 된 책읽기가 될까요? 이해는커녕, 무슨 내용을 읽고 있는지도 잊어버려 읽고 또 읽고 해야 할 거예요.

심리학, 뇌과학 전문가들에 따르면 기억의 한계는 아주 짧아 무엇을 읽든 10분이면 거의 다 잊어버린다지요. 시간이 흐를수록 더 새까맣게 잊혀져 그런 내용을 접했던 것마저 잊어버리게 된다고 합니다. 전문가들은 좀 더 잘 기억하려면 일정 시간 안에 내용을 반복하는 것이 중요한데 그 한계가 일주일이라 합니다. 그러니 매일 1시간씩 일주일에 책 한 권 돌파하면 무리 없을 것 같습니다. 일반 성인이 1분당 읽는 평균 글자 수가 500~700자. 책 한 권의 평균 분량은 280쪽 내외, 1페이지 평균은 500자쯤 되니 1분에 1쪽씩 60분에 60쪽 읽으면 일주일에 한 권은 무난할 듯합니다.

슈퍼리치도 월급쟁이도 공평한 출발

'월급쟁이 부자들' 카페에 올린 내 칼럼을 읽고 한 회원이 이런 피드백을 보내왔습니다. "책읽기는 출발선이 동일한 공평한 게임이네요. 부자들과 같은 방법으로 책읽기를 할 수 있으니까요." 정말 그렇습니다. 책읽기 미션 앞에서는 이미 부자든 예비 부자든 출발선이 같습니다. 하지만 그 과정은 전혀 다르게 전개됩니다. 부자들은 기회비용에 아주 민감하지요. 기회비용이란 어떤 행동을 선택하면 잃게 되는, 다른 선택을 할 경우 얻게 될 이익을 말합니다. 부자들이 1시간 동안 책을 읽으면 그 기회비용은 빌 게이츠로 치면 100억 원. 100억 원으로 할 수 있는 다른 일을 못하게 되는 셈이니까요. 그래서 부자들은 책읽기에 들인 관심, 시간, 돈을 악착같이 회수합니다. 그들은 ATM[1]을 들여 돈을 법니다. 부자들에게 책읽기는 투자입니다. 그런데 많은 사람들이 책읽기에 들인 ATM을 회수하지 못합니다. 비용에 그치고 맙니다. 그 차이는 어디에서 기인한 걸까요? 그것은 부자들만의 책 읽는 방법이 만드는 것입니다.

---

1 ATM은 책 한 권 읽는 데 들인 관심Attention, 시간Time, 돈Money을 말합니다. 책을 읽는 데는 시간이 들고 책값이 들고 또 주의를 집중하여 읽어야 하니 관심을 기울여야 합니다. '관심을 기울이다'는 영어로 'Pay attention'이니 그 또한 의미심장하네요.

PART 3

부자의 책읽기
200년의 비밀

인생에서 모두에게 인정받았음을
깨닫는 때가 두 번 있다.
첫 번째는 걸음마를 배운 순간이고,
두 번째는 독서를 배운 순간이다.

— 페넬로프 피츠제럴드

자수성가 부자들의
200년 불변의 법칙

'자수성가 부자들은 어떻게 부를 축적하는가?'

토마스 스탠리 조지아 주립대 교수는 이 주제를 40년간 조사연구해온 부자학의 원조이자 대가입니다. 그는 이렇게 결론을 내립니다.

"부자의 길은 느리고도 꾸준한 일상의 혁명으로만 가능하다."

스탠리 교수는 자본주의 역사 200년 동안 부자의 기준과 부의 지도가 수십 번 바뀌었지만 절대 변하지 않은 부자들만의 법칙이 있다고 공언합니다. 그 첫 번째가 부자들은 보통 사람들보다 책을 많이 읽는다는 것. 그가 찾아낸 부자들은 일주일에 5.5시간을 책읽기에 할애한다는 것입니다. (이 대목에서 마이클 시몬스가 주장한 부자들의 '5시간 법칙'이 떠오릅니다.) 책읽기가 문제해결능력을 키워주고 세상에 대한 지성과 이해력을 높여주기 때문이라고 하네요.

책읽기로 독학하는 부자들

자기계발 전문가 스티브 시볼드는 1984년부터 30년 동안 1,200명의 부자들을 만나 인터뷰하면서 그들만의 부자 비법을 찾게 되었답니다. 그에 따르면 부자들은 학교교육보다 독학하는 경향이 높은데, 책읽기가 독학의 중심에 있었답니다. 그가 만난 부자들은 누구나 집 한 켠에 도서관이나 다름없는 서재를 갖췄고, 거기에는 지적 역량을 향상시키는 책들이 꽂혀 있었다고 합니다.

『억만장자 시크릿』의 저자 라파엘 배지아그는 1990년대에 수백만 달러 규모의 사업을 성공시켜 백만장자가 되었답니다. 그는 더 큰 부자가 되고 싶어 세계의 부자들을 찾아 조언을 구했습니다. 5년간 세계를 돌아다니며 부자들을 만나 인터뷰와 취재를 했는데, 그 대상에는 김범수 의장도 들어 있습니다. 이 여정에서 그가 찾아낸 부자들의 비결은 '늘 이른 아침에 일어나 책을 읽는다'는 것입니다.

2020년 말 기준으로 12개국에 30개 비즈니스와 계열사를 거느리고, 6천 개 일자리를 제공하는 글로벌 기업 회장 켈리 최는 5년 전만해도 사업으로 진 빚이 10억 원이었답니다. 그는 부자되기를 목표로 닮고 싶은 부자 1,000명을 공부하여 그들의 사고방식과 행동을 따라함으로써 오늘의 기적을 이루었다고 합니다. 켈리 최는 부자들의 책을 읽고, 그들과 관련된 강연, 인터뷰 기사, SNS 콘텐츠를 찾아 읽는 것으로 부자의 행적을 연구하고 그들처럼 생각하고 행동하는 식으로 부자 공부를 했다고 합니다. 그러면 이런 결론이 가능하겠군요.

"부자들은 책읽기로 부자 공부를 했다."

이제 부를 만들고 불리고 지켜온 부자의 책읽기 200년의 비밀은 무엇인지 해킹에 들어갑니다.

부자의 책읽기는
복리로 증식한다

빌 게이츠가 워런 버핏과 함께 미국 네브래스카 주립대를 방문한 적이 있습니다. 그때 한 학생이 이런 질문을 했습니다. "한 가지 초능력을 얻을 수 있다면 어떤 것을 원하며, 그 이유는 무엇인가요?" 빌 게이츠가 뭐라 답했을까요? 한번 생각해보세요. 당신이라면, 초능력이 주어진다면 어떤 것을 갖고 싶은가요? 놀랍게도 빌 게이츠는 '책을 아주 빨리 읽는 능력'을 원했습니다. 워런 버핏도 그의 답변에 격렬하게 동의했습니다. 빌 게이츠는 1년에 50권, 일주일에 한 권가량 읽습니다. 이것으로도 성에 차지 않은지 책을 아주 빨리 더 많이 읽고 싶어합니다.

빌 게이츠는 돈이 많은데다 유명한 사람이라 흥미로운 것을 찾아다니며 배우거나 최고의 전문가를 초빙하거나 내로라하는 온라인 강의를 통해 배우기도 합니다. 그에게 책읽기는 새로운 것을 배우고, 이해력을 점검하는 데 있어 가장 중요한 방법입니다.

"사람은 배우는 것을 멈추면 늙기 시작한다. 모든 책은 새로운 것을 가르쳐주거나 다르게 생각하는 법을 가르쳐주는데, 어떤 방법도 책을 능가할 수 없다."

워런 버핏도 말합니다.

"당신의 인생을 가장 짧은 시간에 가장 위대하게 바꿔줄 방법은 무엇인가? 만약 당신이 독서보다 더 좋은 방법을 알고 있다면 그 방법을 따르기 바란다. 그러나 인류가 현재까지 발견한 방법 가운데서만 찾는다면 당신은 결코 독서보다 더 좋은 방법을 찾을 수 없을 것이다."

부자들은 책에서 성공의 원리원칙을 배웁니다. 또 크고 작은 문제를 해결하는 데 필요한 생각하는 법과 지혜를 배웁니다. 새로운 지식과 현상에 대해서도 배웁니다. 그들의 서재는 부자되는 능력을 기르는 공부방입니다. 부자들은 부를 지키기 위해 더 많이 공부합니다. 부를 늘리기 위해서는 더욱 지독하게 배웁니다. 빌 게이츠가 책을 빨리 읽는 능력을 원했던 것은 책읽기가 배우는 힘을 기르는 절대적인 수단이기 때문입니다. 경쟁자보다 빨리 배울 수 있는 능력만큼 경쟁 우위를 유지하는 비결은 없으니까요.

1년이면 38배, 지식의 복리효과

부자들은 셈이 빠릅니다. 그 빠른 셈머리로 그들은 부를 만들고 불리고 지키는 데는 지식이 필요하고 그 지식은 책읽기로 쌓을 수 있으며 이러한 방식은 복리이자처럼 효과가 축적된다는 것을 잘 알고 있습니다. '슈퍼리치들의 성공은 하루 1시간 책읽기'의 결과라는 주장을 담은 마이클 시몬스의 '5시간 규칙' 역시 책읽기의 복리효과를 토대로 한 것입니다.

하루 1시간 책읽기의 복리효과는 이렇습니다. 당신이 1년 동안 매일 1시간씩 책을 읽으면 책을 읽지 않는 사람보다 38배의 책읽기 효과를 봅니다. 매일 1시간 책을 읽었을 뿐인데, 3년 후에는 그렇지 않은 사람보다 무려 54,000배라는 믿기 어려운 차이를 만듭니다. 반면

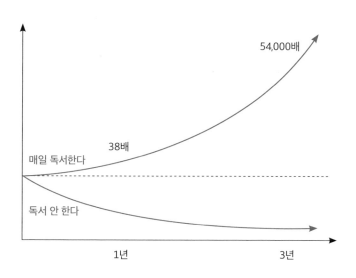

하루 1시간 책읽기를 하지 않으면 1년이면 0.03배, 3년이면 0.0006 배씩이나 책읽기 효과가 줄어듭니다.

뉴욕 주립 대학 밥 보이스 교수도 연구결과로 매일 책읽기의 복리 효과를 증언합니다. 동료 교수가 연구논문을 쓰는 과정을 관찰했더니, '매일 꾸준히' 실천하는 것이 적은 시간을 들이고 괄목할 만한 성과를 만든다는 것입니다. 시간이 빠듯할수록 생산성이 오히려 상승한다는 '파킨슨의 법칙'을 떠올리면 하루 1시간 책읽기가 얼마나 큰 효과를 주는지 이해하기 더 쉽습니다. 책읽기 하루 1시간이 불려줄 복리이자 효과, 이제 당신이 경험할 차례입니다.

부자들은
최고에게 배운다

케빈 홀은 자기계발 교육업체 프랭클린 퀘스의 리더로 세계적인 베스트셀러 『성공하는 사람의 7가지 습관』의 저자 스티븐 코비와 함께 일했습니다. 그는 회사 내 최고 실적자들, 해마다 수십만 달러의 이익을 내는 사람들과 그들의 10퍼센트밖에 벌지 못하는 사람들 간에 어떤 차이가 있는지 알고 싶어 외부 컨설팅사에 의뢰했다고 합니다. 그 결과는 다음과 같습니다.

"잘 버는 사람이 잘 배운다(Earners are learners)."

케빈 홀은 회사의 최고 실적자들은 한 명도 예외 없이 배우는 일에 열정적이고 충실한 사람들이었다고 증언합니다. 그들은 각자 일 년에 스무 권이 넘는 책을 읽으며 끊임없이 새로운 정보를 얻었고 다양한 주제들에 대해, 특히 고객의 요구를 파악하기 위해 배우는 것에

헌신적이었다고 합니다. 부자들은 무슨 일을 하든 극도의 효율성을 추구합니다. 돈이 낭비되는 것을 참지 못하고 시간이 허투루 쓰이는 것을 용납하지 않습니다. 교육업체의 잘 버는 사람들처럼 슈퍼리치들도 부를 만들고 지키고 키우기 위해 끊임없이 배웁니다. 그 과정에서 새로운 통찰을 얻고 인식의 지평을 넓혀 부자되는 데 필요한 능력과 안목과 감각을 기릅니다. 중국을 대표하는 부자, 알리바바의 공동창립자인 마윈 회장은 이렇게 말합니다.

"책읽기는 남들보다 앞서서 출발할 수 있게 해준다. 책을 읽는 사람들은 그렇지 않은 사람들보다 다른 산업의 전략과 전술을 알고 있을 가능성이 높다."

많이 배우는 부자들의 학력

배우려는 자세, 배워서 문제를 해결하는 마인드를 '학력(學力)'이라고 말합니다. 부자들은 잘 배우는 사람이고 그들은 문제가 생기면 이렇게 질문하지요. "어떻게 하면 되지요?" 그리고 책을 펼쳐 거기에서 해결책을 찾아냅니다.

영국의 인터넷 마케팅 기관 버브서치가 조사한 자료를 보면 전 세계 자수성가한 억만장자들 중 대학을 졸업하지 않은 사람이 25퍼센트나 된답니다. 1,200명의 부자를 만난 스티브 시볼드도 성공한 부자들의 가장 큰 공통점이 스스로 배우는 능력이라고 증언합니다.

이렇게, 부자들은 예외 없이 빨리 배우고 많이 배우는 학력이 뛰어납니다.

　대학을 졸업하고 석박사 학위를 얻었다 할지라도 산업 모델이 근본적으로 바뀌고 있는 요즘에는 스스로 배우는 힘이 가장 큰 경쟁력입니다. 한 번도 경험하지 못한 팬데믹으로 인해 우리는 그동안 배운 것을 다 내려놓아야 합니다. 그리고 빨리 새로운 것을 배워 전혀 알지 못하는 세상을 살아가야 합니다. 학력은 이제 생존의 필수조건이며, 그것도 민첩하게 제대로 배워야 합니다. 민첩한 학습능력은 어떤 환경이나 조건에서도 배운 것을 유연하게 실천하고 적용할 수 있는 능력을 말합니다. 학습 민첩성이 뛰어난 사람은 지속적으로 새로운 도전을 찾고, 적극적으로 다른 사람으로부터 피드백을 구하고, 자신의 경험에 대한 성찰을 통해 학습하고 성장하는 것을 즐기며, 이를 기반으로 실천적이고 실용적인 결과물을 만들어 냅니다.

　빨리 배워서 써먹는 민첩한 학습능력은 다른 어떤 방법보다 책읽기를 통해 쉽고 빠르게 기를 수 있습니다. 학교에서 배운 것들이 거의 소용없게 되고 사교육에 할애할 돈과 시간과 에너지도 녹록지 않은 상황에서 최선은 책읽기입니다. 부자들처럼 책읽기로 혼자 배우고 써먹어야 합니다.

매일 조금씩
더 똑똑해지는 경험

데이비드 장은 미국에서 비평가와 미식가를 사로잡은 스타 셰프입니다. 그는 '모모푸쿠'라는 브랜드로 미쉐린 가이드 별을 두 개나 받은 식당을 비롯하여 전 세계 20여 곳에 식당, 카페, 바를 운영합니다. '백종원'처럼 하나의 상징으로서 대중적으로 큰 인기를 누리고 있는 그는 요식업계의 아카데미상으로 불리는 미국의 '제임스 비어드상'도 여러 번 탔습니다. 그에게 성공비결을 물으니 이렇게 대답합니다.

"요리학교에 가지 마라."

요리학교는 졸업만 하면 셰프가 될 수 있다는 환상을 파는 사업체이기 때문에 그리 도움되지 않는다는 것입니다. 대신 일반 대학에 진학하여 세계를 폭넓게 배우고 생각하는 능력을 키우라 권합니다. 그리고 힘주어 말합니다.

"책을 많이 읽어라."

돈이든 근로든 재능이든 투자하여 돈을 벌려면 그리고 번 돈을 지키고 늘리려면 진지하게 의사결정을 해야 하고, 그러려면 지력을 총동원하여 사고해야 합니다. 몸에 배인 지적 시스템 없이는 원하는 성과를 얻기란 불가능하지요. 지적 시스템이 원활하게 작동하려면 많이 봐야 하고 많이 알아야 하고 많이 배워야 합니다. 책읽기는 이 기특한 선순환에 마중물을 제공합니다. 책읽기의 이 같은 선순환적 기적에 대해서는 워런 버핏도 증언하고 있습니다.

"더 많이 배울수록 더 많이 얻는다(The More You Learn, The More You Earn)."

워런 버핏은 친절하게도 많이 벌기 위해 많이 배우는 구체적인 방법도 알려줍니다. '매일 조금 더 똑똑하게 잠자리에 들 것'. 더 똑똑해지기 위해 그가 하는 방법은 읽고 생각하는 것입니다.

"나는 독서와 생각을 많이 한다. 덕분에 대부분의 비즈니스맨들보다 충동적인 결정을 덜 한다."

그렇습니다. 워런 버핏처럼 하루 500쪽을 읽지는 못하더라도 오늘치 책읽기를 하면 어제보다 오늘 더 똑똑해지고 오늘보다 내일 또 그만큼 똑똑해집니다. 읽으면 읽을수록 더 똑똑해지고 충동적인 결정을 덜 하게 되니 부자되는 길에 가까워지지요.

뇌과학자들의 설명을 보면, 책을 펴는 순간 글의 맥락을 이해하기 위해 우리의 뇌가 일을 한답니다. 곳곳에 내장된 기억이나 배경지식과 관련된 뇌영역이 활성화되고 그런 감각정보를 통합하는 뇌영역 또한 활발한 기능을 보인다고 합니다. 책 읽는 내내 이런 작용이 일어난다고 해요.

책읽기로 정보나 지식을 습득하기도 합니다. 하지만 책읽기는 이런 단순한 수준이 아니라 시각을 통해 들어오는 새로운 정보가 기존에 저장된 정보와 만나 섞이고 또 비교하고 추론하여 전에 생각지 못했던 것까지 생각하게 합니다. 한마디로 책읽기는 뇌가 할 수 있는 최고의 수준까지 작동하게 하니 책을 읽을 때마다 당신은 조금씩 더 똑똑해질 수밖에 없습니다. 책읽기는 최고의 뇌운동입니다.

책읽기는 생각하는 능력을 기른다

『현명한 투자자의 인문학』 저자 로버트 해그스트롬은 졸업 후 투자 세계에 진입한 세인트존스 졸업생들이 인문고전을 읽고 쓰는 것이 전부였던 대학 4년의 생활에 대해 이렇게 평가한다고 들려줍니다.

"대학에서 배운 최고의 가르침은 어떻게 하면 더 나은 트레이더나 투자은행가, 자산관리 전문가, 애널리스트가 될 수 있는가에 관한 것이 아니라, 어떻게 하면 더 잘 생각하는 사람이 될 수 있는가에 관한 것이었다. 더 잘 생각하는 사람이 됨으로써 일에서도 더 좋은 성과를 거둘 수 있었다."

실제 투자에서 책읽기가 어떤 효력을 발휘했기 때문일까요? 세인트존스 졸업생이자 IPC어퀴지션의 수석 부사장인 돈 벨은 말합니다.

"더 큰 그림을 그리기 위해 그 너머를 보아야 합니다. 그래야 자유롭게 생각할 수 있습니다. 생각하는 법을 모르면, 항상 돈을 잃게 됩니다."

'새로운 일'로 성공한 자수성가의 비결

미국 경제학자 이매뉴얼 새즈 교수는 미국의 10대 부자들 중 80퍼센트가 디지털 경제 영역에서 배출되었으며 상속부자들에 비해 훨씬 빠른 속도로 부를 축적했다고 밝힙니다. 디지털 경제의 승자는 '새로운 일을 하는 부자'이며, 새로운 일은 새로운 방식으로, 즉 새로운 사고를 해야만 가능하다는 것입니다. 여기서 새로운 사고란 이미 만들어진 답을 찾는 게 아닌 세상에 없는 답을 만들어 새로운 가치를 창출하는 능력을 말하지요. 새로운 일을 하는 부자는 '얼마나 더 잘 생각하느냐'에 달렸습니다. 코로나19 팬데믹 같은 재해나 기술의 진화와 생활양식의 변화가 촉발시킨 전에 없던 새로운 문제들은 기존에 알고 있던 지식으로는 해결할 수 없습니다. 새로운 생각으로 풀어가야 합니다. 새로운 생각은 새로운 통찰을 필요로 합니다. 책읽기는 통찰력을 기르는 데 크게 도움이 됩니다. 책을 통해 다양한 사람들의 다양한 이야기를 전해들을 수 있기 때문이며 그 과정에서 뇌가 새로운 생각을 하게 되기 때문입니다.

위대한 이들을 스승으로
모시고 하는 공부

"부자란 경제적으로 정신적으로 자유를 누리고, 하고 싶은 것은 언제든지 할 수 있고, 하기 싫은 것은 무엇이든 하지 않아도 되는 상태를 말한다."

도시락으로 세계 시장을 석권한 스노우폭스 김승호 회장의 말입니다. 김승호 회장의 핵심 비즈니스인 스노우폭스 도시락은 미국에서 아주 유명한 브랜드입니다. 미국 8개 주에 걸쳐 150여 개 매장이 있습니다. 김밥을 도시락에 담아 파는 사업으로 하루 전체 매장에서 팔리는 도시락이 무려 1만 개가량. 하루 매출은 우리 돈으로 4~5천만 원선. 이렇게 미국인들의 입맛을 사로잡은 성공스토리의 시작은 '크로거'라는 유통매장에 입점한 것이었습니다. 미국이나 한국이나 유통브랜드는 '슈퍼울트라 갑'입니다. 그러면 한 개인이 크로거라는 굴지의 브랜드를 어떻게 설득했을까요? 김승호 회장은 설득하지 않고 매혹했습니다.

"김밥 도시락은 크로거만의 아이템이 될 것이다. 이로 인해 크로거는 유통시장에서 선두를 차지하고 그 위치를 놓치지 않을 것이다."

생각해보세요, 당신이 크로거의 담당자라고. 전에 없던 매력적인 상품인 김밥 도시락만으로도 흥미가 생기는데, 그것을 독점 공급하면 경쟁력을 높일 수 있으니 일석다조 아니겠어요? 이제 조바심이 날 겁니다. 이렇게 좋은 아이디어를 다른 회사에 빼앗기면 안 될 테니까요. 그렇다면 그 제안을 덥석 물고 김밥 도시락 매장을 빨리 만들어야겠지요. 김승호 회장은 한 라디오에 출연하여 그런 이야기를 털어놓았습니다. 그러자 진행자가 독심술에 가까운 그런 능력은 어디서 온 것이냐며 비결을 물었습니다. 김승호 회장은 이렇게 말하더군요.

"다르게 볼 줄 알아야 한다. 다르게 보려면 책을 많이 읽어야 한다."

그는 어릴 때부터 남이 하는 사업을 보며, '나라면 이렇게 할 텐데…'라는 생각을 많이 했고, 남다른 관점을 가지게 된 것은 책을 많이 읽었기 때문이라고 단언합니다. 그는 1년에 200권가량 책을 읽는 대단한 책부자입니다. 인터넷으로 빠르고 정확한 정보를 찾을 수 있는 시대지만 책이 주는 내밀한 정보는 따를 수 없기에, 그에게 책은 여전히 삶의 가장 좋은 도구랍니다.

4천억 갑부의 위대한 스승

김승호 회장은 "책을 읽는다고 누구나 다 부자가 될 수는 없다!"고 단호하게 말합니다. 원래 성공하는 사람은 비범한 사람이 아니며, 평범한 사람이 평범한 일을 비범하게 할 뿐이라고 강조합니다. 책읽기라는 평범한 일을 비범하게 해내야만 부자될 수 있다는 것인데요, 김승호 회장에게 책읽기는 '위대한 이들을 스승으로 모시고 하는 공부'입니다. 그들이 책에 남긴 내용을 자기 것으로 만들고 있으니까요.

"책에 있는 생각을 그대로 받아들이면 자신의 생각이 설 자리가 없어진다. 내용 그대로를 필사하는 사람이 많은데, 저자보다 내용을 더 잘 기억하는 사람은 특히 위험하다. 거인의 어깨에 올라 그의 도움으로 세상을 봐야지 거인의 무게에 짓눌리면 안 된다."

그의 서재에는 수천 권의 책이 있지만, 책 자체가 아니라 책 내용을 이해하고 해석하고 스스로 질문하게 될 때 비로소 부자의 길로 들어설 수 있다는 말입니다. 그런즉, 책을 읽으며 의심하지 않고 질문하지 않으면 아무리 읽어도 죽은 책이며 아무리 많이 읽어도 부자가 될 수는 없다는 것이 그의 경험칙입니다.

김승호식 책읽기는 이렇습니다. 관심을 끄는 이슈나 작가를 만나면 관련된 책을 모조리 사서 읽습니다. 한 달에 20여 권의 책을 사고, 300쪽 분량의 책 한 권을 두세 시간이면 읽을 정도로 빨리 읽습니다. 책을 읽을 땐 밑줄도 긋고 떠오르는 생각을 여백에 메모하기도 합니다. 다 읽은 다음에는 밑줄 치고 메모한 내용을 되짚어 살피고 자료로 만듭니다. 김승호 회장은 책 읽는 시간만큼 중요한 것이 내용을 자료화해서 이해하는 것이라고 강조합니다. 그는 주로 산책을 하며 책에서 발견한 주제와 관점을 되새기고 자신의 기준에서 다시 생각하는 시간을 갖습니다. 책의 내용을 자기 것으로 만드는 데는 숙고의 시간이 필수적인데, 그에게는 산책하는 것이 바로 그러한 성찰의 시간인 것입니다.

부자들이 책 읽을 때 빠뜨리지 않는 것

'운칠기삼(運七技三)'이라는 말 잘 아시죠? 어떤 일이 이루어지는 데는 운이 7할이고 실력이 3할이라는 뜻으로, 결국 운이 더 큰 비중을 차지한다는 거예요. 크게 성공하고 부자일수록 운이 좋았다고 하는데 김승호 회장도 딱 그렇습니다.

"행운이 많았죠. 좋은 가족을 가진 것도 행운이고, 좋은 비즈니스 환경에서 일하고 있는 것도 행운이죠. 사실 행운은 누구에게나 공평하게 온다고 생각합니다. 그게 행운인지 아닌지 알아보는 눈이 서로 다른 것 같습니다."

그는 행운을 알아보는 눈을 키우는 데 가장 필요한 것이 바로 책읽기라고 강조합니다. 그래서 아들에게 남기고 싶은 최고의 유산도 책읽기랍니다. 책을 읽는 능력의 핵심이 스스로 생각하는 것이니까요. 스스로 생각하는 능력은 책을 제대로 읽을 줄 아는 사람만이 가질 수 있는 것입니다. 다음은 김승호 회장이 책읽기를 권하는 이유입니다.

"내가 공부를 많이 하지 않았는데도 살아남을 수 있었던 건 스스로 생각하는 능력이 있었기 때문이다. 어느 학교에 들어가든, 어떤 직업을 갖든, 중요한 건 스스로 생각하는 거다. 독서를 통해 생각하는 능력을 얻게 되면 어떤 문제나 실패 앞에서도 당당하게 다시 일어설 수 있다. 독서는 꿈을 꾸고 그걸 이루기 위해 노력하는 기반이 되는 것이다."

부자의 생각머리 키우는
전략적 책읽기

김승호 회장이 쓴 『김밥 파는 CEO』를 읽고 '부자되기'를 배우겠다며 그를 찾아간 사람이 있었습니다. 켈리 최입니다. 켈리 최는 그의 책을 읽고 찾아가 배운 대로 파리에서 김밥 도시락 사업을 시작하여 성공했습니다. 세상에 성공담을 담은 책들은 지천이고, 그 책들을 읽고 저자처럼 해보겠다며 기염을 토하는 사람도 많습니다. 하지만 켈리 최만큼 성과를 거둔 사람은 많지 않습니다. 차이는 무엇 때문일까요? SNS에 책읽기 인증은 넘쳐나지만 책읽기로 부자되었다는 간증이 많지 않은 것은 관심이 엉뚱한 곳을 향해 있기 때문입니다.

부자들은 '한 달에 또는 일 년에 몇 권 읽었다네' 하는 책을 읽는 속도나 '이런저런 책들을 읽었다'고 하는 자랑에 관심이 없습니다. 그들은 오로지 부자되는 전략으로 책을 읽습니다. 그 전략으로 책읽기에서 독서량은 필요조건이지만 그것만으로는 충분하지 않습니다. 책의 내용을 일과 삶에 활용하여 그 값어치를 증명해내는 것이 전략적 책읽기의 충분조건입니다.

진짜 책읽기 vs 가짜 책읽기

책읽기를 돈으로 바꾸려면 책을 전략적으로 읽어야 합니다. 나는 전략적 책읽기를 이렇게 정의합니다.

"책을 읽는 모든 과정에서 기존의 지식을 활성화시켜 책 내용에서 중요한 것이 무엇인지 판단하고, 읽는 중에 또는 다 읽은 후에 정보를 종합하여 추론해내는 일련의 읽기 작업."[2]

책읽기가 부자되기의 핵심전략은 될 수 없으나, 부자들을 따라하는 책읽기로 부자들처럼 전략적으로 사고하는 능력을 습득하게 됩니다. 부자들처럼 전략적으로 사고한다면 부자되기는 따논 당상 아닐까요? 나는 이렇게 전략적으로 책을 읽는 것을 '진짜 책읽기'라 부릅니다. 진짜 책읽기는 '책읽기로 부자되기'라는 목표를 이루게 돕습니다.

전략적 책읽기는 아웃풋형입니다. 부자들처럼 책을 읽으며 접한 지식으로 결과를 만들고 성과를 내며 가치를 창출하니까요. 부를 만

---

2 『책 읽는 뇌』의 저자 매리언 울프가 정의한 "전략적으로 책 읽는 뇌"에서 힌트를 얻었다.

들고 지키고 키워가는 데 필요한 생각이나 아이디어, 솔루션을 만들어 내니까요.

전략적 책읽기는 투자형입니다. 책읽기에 들인 ATM, 관심과 시간과 돈만큼 아웃풋을 내니까요. 투자하면 반드시 수익을 내는 것이 부자들입니다.

우리를 부자로 만들어 줄 전략적 책읽기는 한마디로 이렇게 정리하겠습니다.

"거침없이 읽고 막힘없이 써먹는다."

부자되는 데 도움 안 되는 가짜 책읽기

SNS에서 흔히 보는 책읽기 관련 인증은 대체로 이런 것들입니다. 자신들이 읽은 책을 자랑하는 데 여념이 없죠. 가령 어떤 책을 깨알같이 소개하고 사진을 수십 장 찍어 올립니다. 이렇게 누군가는 재주를 부리지만 정작 수익은 책의 저자가 갖습니다. 책에 담긴 저자의 주의, 주장을 홍보하는 데도 열정을 보입니다. 책 속 내용을 복사하여 여기저기 게시하며 보람을 느끼는 듯합니다. 또 원숭이도 타이프라이터를 무한히 치다 보면 언젠가 셰익스피어가 될 수 있다는 말을 그대로 믿는 것처럼, 책을 읽었다며 무슨 내용인지도 모를 말들을 끝도 없이 쏟아냅니다. 이런 내용으로 SNS를 채우면 책 내용이 기억나지 않아도 책을 열 번은 읽은 것 같은 생각이 듭니다. 여기에 지인들

아무튼 책읽기	부자되는 책읽기
일상의 이벤트	부자되는 전략적 행위
대충대충 겅중겅중 읽는	집중 몰두하여 읽는
취미로	일하듯
읽는 경험에 치중하는 인풋형	읽고 써먹는 아웃풋형
소비형/관심, 시간, 돈을 소비하는	투자형/투자(관심, 시간, 돈)수익을 내는
가짜 책읽기	진짜 책읽기

이 찾아와 '하트'와 '좋아요'를 보태면 더 열심히 하게 됩니다. 참고로 부자들은 그런 행동을 하지 않습니다. 책 읽은 경험을 공유하기에 그들의 시간은 너무도 비싸니까요. 이런 식의 책읽기를 나는 '아무튼 책읽기'라 합니다. 책읽기 자체보다 책을 읽은 경험이나 행위에 몰두하는, 취미삼아 읽고 재미삼아 읽으며 자랑삼아 읽는, 부자되는 전략과는 거리가 먼 가짜 책읽기입니다.

오해는 마세요. 취미삼아 읽고, 재미삼아 읽고, 자랑삼아 하는 책읽기가 가짜라는 것은 아니니까요. 효과 없는 약이 가짜인 것처럼, 이런 식의 책읽기는 부자되는 전략적 기술에 해당되지 않으니 가짜라는 겁니다. 만일 당신이 책읽기를 통해 취미, 재미, 흥미를 얻고 싶다면 '아무튼 책읽기'가 효과적일 것입니다.

거침없이 읽고 막힘없이 써먹는 전략적 책읽기

가짜 책읽기는 인풋형입니다. 책을 사들이고 책 읽은 경험과 자랑을 수집하고 책 내용을 퍼나르는 행위에만 열심입니다. 이렇게 해서는 책읽기로 의도한 배움이나 성장이 일어나지 않습니다. 전략적 사고를 체득하는 것도 불가능합니다. 부자되지 못하는 가짜 책읽기는 소비형입니다. 책읽기에 들인 관심과 시간과 돈, ATM을 회수하지 못하니까요. 수익을 내기는커녕 이 귀한 것들을 탕진했으니까요. 부자들처럼 책읽기를 돈으로 바꾸고 싶다면 당신의 책읽기가 '아무튼'에서 '전략적'으로 바뀌어야 합니다. 인풋형에서 아웃풋형으로, 소비형 책읽기에서 투자형 책읽기로 바뀌어야 합니다.

읽을 줄 알아야
배울 수 있다

구글이 10년 동안 어떤 직원들이 높은 성과를 내는지 조사했답니다. 컴퓨터공학을 전공했거나 그 분야 지식을 가진 인재들을 제치고 협력적 마인드와 창의성, 소통능력을 갖춘 이들이 더 크게 성공한 것으로 드러났다고 하죠. 이런 데이터를 토대로 구글은 한때 신입직원의 80퍼센트가량을 인문 분야 전공자로 뽑기도 했습니다. 당시 메이어 부사장은 "사용자 친화적인 기술을 개발하는 데는 사람을 관찰하고 이해하는 것이 기술을 잘 아는 것만큼 중요하다"고 강조했습니다.

그런가 하면 미국의 기업들은 경영대학원인 MBA와 경영학과 출신을 잘 뽑지 않는다지요. 〈월스트리트저널〉에 따르면 미국 대학생의 20퍼센트가 경영학을 택할 정도로 인기인데, 정작 기업들은 창의적인 인재를 원한다면서 상대적으로 인문학적 소양이 떨어지는 경영학과 학생들을 꺼린다는 것입니다. 미국 기업들의 하소연을 들어보면 경영학과 출신들은 수업에서 금융회계 등 구체적 지식 쌓기에만 치중하다 보니 글쓰기나 토론수업을 통한 비판적인 사고와 문제해결 능력을 키울 기회가 부족하다는 것입니다. 이 두 가지는 기업의 생존을 좌우하는 혁신의 대표 조건인데 말입니다. 〈포브스〉 잡지가 이를 뒷받침하는 기사를 실었는데, 미국에서 성공가도를 걷는 스타트업 CEO 30퍼센트 이상이 인문학을 전공했다는 것입니다. 인문학을 전공한 이들이 이렇게 우세한 것은 스타트업이 직면한 불확실한 상황에선 유연한 사고가 필요하고 빅데이터시대엔 오히려 인문학적 통찰력이 요구되기 때문이라고 합니다.

빠르게 배우는 능력을 습득하는 법

미국대학연합회에 따르면 고용주의 93퍼센트가 비판적으로 사고하고 명확하게 소통하며 복잡한 문제를 해결하는 능력을 학부 전공보다 더 중요하게 여긴다고 합니다. 기업들이 인문학 전공자를 선호하는 이유입니다. 이를 뒷받침하는 실제 연구결과도 있습니다. 새너제이 주립대 경영학과에 재직 중인 랜달 스트로스 교수는 스탠퍼드대학에서 인문학을 전공한 학생들이 실리콘밸리에서 성공한 사례를 추적하여 그 비결을 찾아보았습니다. 그 결과, 인문학을 공부한 졸업생은 정보가 넘쳐나는 시대에 논리적인 추론능력이 뛰어났고 다양한 이해관계자들 사이에서 소통능력을 발휘하여 탁월한 성과를 내는 것으로 드러났습니다. 인문학 공부로 '빨리 배우고', '방대한 자료의 핵심을 정리하고', '쉽게 소통하고', '비판적으로 사고하기'와 같은 능력들이 갖춰져 실리콘밸리에서 성공을 이뤄낸 것입니다.

스트로스 교수는 인문학 공부는 인문학이라는 지식 자체보다 그 지식을 얻기 위한 훈련이 중요하다고 합니다. 미친 듯이 읽고 미친 듯이 글쓰는 과정을 통해서 빠르게 배우는 능력을 습득할 수 있는데, 이것이 인문학 전공자의 성공비결이라고 강조합니다. 그는 이러한 능력은 오랜 세월에 걸쳐 입증된 것으로, 미래를 준비하는 데 가장 유용한 방법이라고 말합니다.

실리콘밸리 부자들의 전공은 무엇일까?

실리콘밸리에서 탄생한 부자들도 인문학을 공부했거나 높은 인문 소양을 갖추고 있습니다. 비즈니스 분야의 페이스북이라 꼽히는 링크드인 창업자 리드 호프만은 철학 전공자로 석사학위를 받았고, 유튜브 CEO를 역임한 수잔 보이치키는 역사와 문학을 전공했으며, 메신저 서비스 기업 슬랙의 창업자 스튜어트 버터필드는 철학, 세계 최대 숙박 공유 기업인 에어비앤비의 설립자 브라이언 체스키는 미술을 전공했습니다. 마윈 회장은 대학에서 영어를 전공했고요.

미국 IT 기업 창업자들의 전공을 조사한 하버드·듀크대 연구팀의 자료를 보아도 공학·컴퓨터 기술은 37퍼센트, 수학은 2퍼센트였으며, 경영·회계·보건·예술·인문학 등으로 전공이 매우 다양합니다. 전공과 상관없이 실리콘밸리 부자들은 인문 소양의 달인입니다. "고대 그리스 철학자 소크라테스와 한나절 있을 수 있다면 애플의 모든 기술을 주겠다"고 한 애플의 창업자 스티브 잡스는 인문학은 높은 데 올라가 넓게 보는 힘을 준다고 했습니다.

4년 내내 책만 읽는 대학

미국 금융가에 금융기관 CEO와 애널리스트 등을 배출해온 세인트존스 대학은 '책만 읽히는 학교'로 유명합니다.

"성공의 기준은 사람에 따라 다르겠지만 적어도 지식습득 교육만으론 안 된다. 미래엔 인공지능이 할 수 없는 것을 해야 한다. 이를 위해선 인간과 자연에 대한 깊은 이해가 전제돼야 하고, 그렇게 하기 위해선 인문교양 교육이 필요하다."

이 대학 파나이오티스 카넬로스 총장의 말입니다. 뉴욕의 금융가로 진출하는 졸업생들이 많아 투자나 경영기법을 집중적으로 가르치는 학교라고 생각하기 쉽지만, 이 학교에서 4년 내내 하는 공부란 인문고전 100권을 읽고 토론하는 것입니다. 1학년 땐 고대와 그리스시대, 2학년은 로마와 중세시대, 3학년은 17~18세기, 4학년은 19세기부터 최근까지 사상가들의 책을 읽고 토론하며 글쓰기 훈련을 받습니다. 월가에 근무하는 이 학교 졸업생들을 인터뷰한 내용을 담은 『지혜와 성공의 투자학』이란 책에 따르면, 졸업생들은 "더 나은 사고자(thinker)가 되는 법과 세계를 바라보는 폭넓은 시각을 익혔다"고 증언합니다. 또 "원전을 찾아보고 거기서 자신만의 고유한 결론을 도출하는 과정의 중요성"을 배운 것이 가장 큰 교훈이었다고 합니다.

읽는 힘은 부자되는 힘

많아야 하루 1시간, 하루 30분도 책읽기에 시간을 할애하기 힘든 부자들도 인문고전을 읽는답니다. 문학, 역사, 철학, 심리학 그리고 예술 분야 책을 읽습니다. 대체 이런 내용의 책이 어떻게 부자를 만드는 것일까요? 미국의 교육학자 리 보틴스는 인문고전을 읽는 인문학 읽기가 무엇이든 잘 배우게 해주는 공부법이라 말합니다.

중세시대에 인문학을 구성한 세 개의 학과가 있었는데, 어떤 분야에서 특정하게 쓰이는 기본 어휘와 개념을 익히고(문법), 사실을 바탕으로 여러 가지 생각을 비교해서 판단하고(논리학), 우리의 생각이나 지식을 적절한 말이나 글로써 다른 사람들에게 설명해서 설득할 수 있는 능력(수사학)을 훈련시키는 것이었으니 인문학이 잘 배우는 공부가 아니냐는 것입니다.

리 보틴스의 정의를 정리하면 인문학은 읽기에서 시작하여 읽은 내용에 대한 생각을 정리하고 이를 자신의 말과 글로 표현하기까지 하나의 루틴을 완성하는, 뭔가를 제대로 배우는 행위입니다. 그러므로 인문고전을 읽는다는 것은 문학과 역사와 철학, 예술을 읽고 이해한 것을 한 편의 글로 설득력 있게 표현하고 전달하면서 유능한 사고자가 되어간다는 것입니다. 세인트존스 대학의 학생들처럼 말이죠.

인공지능이 득세한 시대에도 부자들은 인공지능 그 안을 이해하기 위해 그리고 그 너머를 통찰하기 위해 인문고전을 읽습니다. 결국 인문고전을 읽는 힘이 부자되는 힘입니다.

종이책 읽기의
놀라운 힘

송길영 님은 온라인 세계에 표출된 사람들의 마음을 캐는 광부입니다. 그 마음이 향하는 곳을 남보다 먼저 알아채 돈이 되는 정보로 만드는 그에게 사람들은 '미래를 보는 법'을 묻곤 합니다.

"많이 읽다 보면 생각이 확장되는 영역이 보이고, 거기서 변화가 시작된다. 미래를 보려면 많이 읽고 생각하는 훈련이 중요하다."

읽기라는 비법을 공유한 그의 손에는 디지털 곡괭이가 쥐어져 있겠지요. 그런데 아니랍니다. 그의 도구는 책입니다. 온라인 세계를 들여다보는 것이 그의 일이지만 책만큼은 종이로 읽는답니다. 검색 기능이 없고 페이지 확대도 안 되지만 종이책을 좋아한답니다. 부자들도 종이책으로 읽습니다. 오디오로, 영상으로, 픽셀로 제공되는 콘텐츠 소비가 급격하게 늘고 있지만 부자들은 여전히 종이책으로 읽습니다.

이미지나 영상에 없는 텍스트의 기능

"꼭 종이책을 읽어야 하나요? 전자책은? 오디오북은? 유튜브는?" 이런 질문을 꽤 자주 받습니다. 종이책이든 전자책이든 또 영상으로든 텍스트로든 읽고 내 것으로 만들면 되지, 이러한 구분이 왜 필요하지 싶을 겁니다. 핵심은 내용 아니겠냐고 반박할 만합니다. 먼저, 왜 텍스트여야 할까요? 텍스트로 만든 콘텐츠는 불친절합니다. 단어와 문장을 접할 때마다 일일이 생각하고 떠올려야 합니다. 바로 이점이 텍스트로 읽어야 하는 이유입니다. 그저 보기만 해서는 이해하기 어려운 불친절하기 짝이 없는 텍스트들을 책으로 읽는 동안 이미지로 떠올리고 추론하고 상상하는 등의 다양한 정신활동이 필요하기 때문입니다. 텍스트 콘텐츠의 최고봉인 책을 읽으면 이런 고차원적 정신력이 길러집니다. 정보를 시각과 청각에 호소하는 영상 콘텐츠는 머리를 쓰지 않고 다만 보고 듣기만 할 뿐이라 이러한 정신능력이 길러지지 않습니다. 부자들이 책을 읽는 핵심 이유 중의 하나가 생각하며 일하고 생각하며 배우는 것에 있음을 떠올린다면 부자들이 왜 종이책을 읽는지 알겠지요.

딥리딩엔 종이책이 독보적이다

지금껏 우리는 글을 읽을 때 왼쪽에서 오른쪽으로 문장 전체를 읽곤 했습니다. 그런데 웹페이지에서 픽셀로 읽을(디지털 콘텐츠 읽기를 픽셀 읽기라 합니다) 때는 눈에 들어오는 단어 위주로 겅중겅중 읽습니다. 컴퓨터와 스마트폰 화면으로 웹페이지를 보는 사람들의 안구 움직임을 관찰한 연구를 보면 처음 한 줄은 다 보지만 그다음부터는 절반 정도만 읽다가 마지막엔 페이지 왼쪽에서 맨 밑까지 수직으로 죽 훑어내린답니다. 이 패턴이 마치 F자 같다고 하여 픽셀 읽기는 F자형 읽기라 부릅니다. 픽셀 읽기에서 보이는 이러한 읽기 습관으로는 내용을 제대로 읽을 수 없습니다. 게다가 웹페이지 내 링크들이 읽기를 수시로 방해하여 텍스트만 읽을 때보다 이해력이 훨씬 떨어집니다. 그렇다면 웹페이지상에서 사람들은 어떻게 읽을까요? 그 연구결과는 "사람들은 읽지 않는다"입니다.

부자들처럼 책을 읽고 부자되고 싶다면 종이책을 읽으세요. 인터넷 기사나 요약 콘텐츠, 영상이나 오디오북 대신 종이책을 읽으세요. 컴퓨터나 스마트 기기로 읽으면 집중이 안 돼 건성으로 읽게 되므로, 같은 내용을 읽어도 생각의 폭과 깊이가 종이로 읽는 것에 비해 현저히 떨어지니까요.

읽기능력 퇴화가 사고력 퇴화를 부른다

애니메이션의 거장인 미야자키 하야오 감독은 자신의 본령이 이미지와 영상임에도 불구하고 종이책을 읽어야 한다고 강조합니다. 하야오 감독은 악보에 아이패드를 갖다 대면 곧바로 악보를 읽을 수 있지만 자신의 힘으로 읽으려는 노력을 하지 않게 되므로, 그런 방식의 읽기는 매우 위험하다고 주장합니다. 책읽기도 마찬가집니다. 책을 제대로 읽고 온전하게 이해하고 내 것으로 만들어서, 그것을 활용하려면 읽는 힘이 있어야 하므로 종이책 한 권쯤은 거뜬하게 읽어낼 수 있어야 합니다.

많은 연구결과가 인터넷 기사나 소셜 콘텐츠 위주의 짧은 텍스트는 읽기능력의 퇴화를 부르며, 그것은 사고능력의 퇴화로 이어진다고 합니다. 실제로 펜실베이니아 주립대 연구진은 대상자를 1시간 동안 같은 주제에 대해 짧은 글 10개 이상을 읽는 팀과 한 편의 긴 글을 읽는 팀으로 나눠 연구했답니다. 그랬더니 짧은 글을 10개 읽은 그룹이 주제에 대한 이해도도 떨어지고 뇌의 피로도도 큰 것으로 나타났습니다. 연구진은 한 편의 긴 글을 읽고 깊게 생각하는 것이 에너지 소모도 적고 이해도도 높인다는 결론을 내고, 짧은 글 읽기가 우리의 사고능력을 심각하게 퇴화시킨다고 경고했습니다.

종이책 읽는 사람만 가능한 고급 능력

노르웨이 스타방거 대학의 앤 망겐 교수는 전자책으로 읽기와 종이책으로 읽기를 비교 연구했습니다. 결론은 전자책으로 읽을 때가 종이책으로 읽을 때보다 책 내용에 집중하기가 더 어렵다는 것입니다. 망겐 교수는 소설 속 사건을 시간별로 재구성하는 질문에서 차이가 컸다며, 전자책 리더기 킨들로 읽을 때 촉각 등 사용자 경험이 종이책을 읽을 때와 다르기 때문인 것 같다고 설명합니다. 그는 노르웨이의 10학년 학생 72명을 대상으로 한 실험에서 종이책으로 교과서를 읽은 학생들이 디지털 교과서를 읽은 학생들보다 이해력에서 시험 점수가 상당히 더 높았다고 설명하며 종이책 읽기를 권장합니다.

자, 이제 질문을 바꿔볼까요? 들을까? 볼까? 읽을까? 부자들처럼 책 읽고 부자되려면 종이책을 읽으세요. 부자들은 책을 빨리 많이 읽고 싶어합니다. 방법은 하나뿐입니다. 책을 많이 읽을수록 빨리 읽게 되지요. 이것은 속독이나 다른 방법으로는 개발될 수 없는 능력입니다. 그래서 부자들은 종이책에 매달립니다. 당신도 그들처럼 읽으세요. 종이책을 읽으세요. 그리고 가벼운 읽기는 영상이나 전자책으로, 운전하며 오가는 길에는 오디오북으로 읽으세요. 부자들도 오디오북을 자주 읽는데 시간을 아끼는 차원이지 종이책 대신은 아니랍니다.

멘토 텍스트 찾아내는
안목 키우는 법

부자되는 책읽기의 전형인 사업가 켈리 최는 책읽기를 돈으로 바꾸려면 책을 제대로 골라 읽어야 한다고 강조합니다. 가령, 땅부자가 되고 싶으면 실제로 땅을 사고팔아 부자가 된 사람이 쓴 책을 골라 읽어야 한다는 것입니다. 유명 대학 교수가 쓴 토지투자 관련 책을 읽기 전에 그가 실제로 토지투자를 해본 경험이 있는지 최소한의 점검이 필요하다고 조언합니다.

아무리 성능이 좋은 컴퓨터라도 쓰레기 같은 정보를 입력하면 쓰레기 같은 정보만 출력될 수밖에 없습니다. 부자들은 돈이 되는 아웃풋을 위해 돈이 되는 인풋-멘토 텍스트를 골라 읽습니다. 멘토 텍스트란 잘 쓰이고 잘 만들어져 시간을 견디는 책입니다. 부자들에게는 1분 1초도 황금이라 책을 고르는 선구안은 필수입니다. 우리나라만 해도 1년에 약 4만 권의 책이 나옵니다. 매일매일 새 책이 100권씩 쏟아지는 셈이지요. 그렇잖아도 읽어야 할 중요한 책들, 긴급한 책들이 많은데 새로 나오는 책까지 소화하려면 열 일 제쳐두고 책만 읽어야 할는지도 모릅니다. 그래서 빌 게이츠와 워런 버핏의 소원이 책을 빨리 읽는 능력을 갖추고 싶다는 것이잖아요. 그 많은 책들 가운데 꼭 읽어야 할 책을 고르려면 부자들처럼 멘토 텍스트를 알아보는 안목부터 길러야 합니다.

일본 최고 독서 멘토의 저자 프로필 감별법

일본인들이 최고의 독서 멘토라 꼽는 도이 에이지에게 저자 프로필 감별에 관한 조언을 들어볼까요.

① 저자의 경력과 자격에 주목한다

"실력으로 평가받은 것인지, 돈만 내면 취득하는 자격인지, 참가하면 누구에게나 주어지는 경력인지 가려내자."

유명하거나 지위가 높은 사람이 쓴 책이라 하여 반드시 멘토 텍스트인 것은 아닙니다. 학위나 자격증을 앞세워 저자의 이해관계를 가리고 있지는 않은지 살펴야 합니다. '○○에게 배웠다'는 식의 표현도 의심해봐야 합니다.

② 수식어에 속지 마라

"'유명 기업 출강'이라는 문구가 대표적이다. 그 사람의 강의로 기업이 번성하고 히트상품을 만들어냈다면 몰라도 실제로는 전혀 관계 없는 경우가 대부분이다."

어느 기업에 출강했는지를 나열한 리스트는 콘텐츠 경쟁력에 눈 멀게 합니다. 기업 출강이 그의 콘텐츠 때문이 아닌 경우가 더 많기 때문입니다. 어떤 콘텐츠로 어디에서 강의했는가를 살피세요.

③ 전문가인지 살펴라

"프로필을 꼼꼼히 읽으면 저자가 당신이 기대하는 내용을 쓸 자격과 실력이 충분한가를 알 수 있다. 애견숍 점원에게 강아지 질병에 대한 상담을 해서는 안 되는 것처럼, 점원은 판매하는 사람이지 강아지 질병의 전문가가 아니다. 강아지 질병은 수의사에게 물어야 하지 않을까?"

대통령의 비염을 치료한 의사에게 목소리 트레이닝 기술을 배울 수 없습니다. 비염과 목소리는 관련이 없지 않지만 목소리 트레이닝은 독립된 전문 분야니까요. 전문적인 해결책이 필요할 때는 저자의 전문 분야를 반드시 확인하세요.

④ 해당 분야 전문가가 아니면 피하라

"실제 경험을 해본 적 없는 사람은 조언, 훈수는 잘 두지만 당신의 문제를 해결해줄 결정적인 팁을 주지는 못한다."

자기만의 성취를 일반화하는 사람도 피해야 합니다. 자기 자신이 잘하는 것과 남을 잘하게 하는 것은 별개니까요. 또 어쩌다 한 번 잘했는지, 오랜 시간 꾸준히 잘해왔는지도 꼭 살피세요. 프로는 오랜 시간 잘해온 사람을 말합니다.

지행용훈평 저울로 책 고르기

'지행용훈평(知行用訓評)' 저울을 사용하면 멘토 텍스트 감별이 쉽습니다. 이 저울은 삼성 이건희 회장이 리더를 골라 뽑을 때 사용한 것입니다. 어떤 분야에 대해 제대로 깊이 알고, 할 줄 알고, 시킬 줄 알고, 가르치고 평가할 줄 아는가를 보는 저울입니다. 멘토 텍스트를 만든 저자는 지행용훈평을 사용하는 사람입니다. 당신 앞에 놓인 책의 저자 소개글을 읽고 이런 사람인지 살펴보세요.

지 : 독자의 특정 문제를 해결할 만한 지적 역량을 갖췄는가?

행 : 독자의 특정 문제를 해결해 왔는가?

용 : 독자의 문제를 해결한 성과가 많은가?

훈 : 독자에게 문제해결방법을 가르쳐 주는가?

평 : 문제해결방법을 평가할 수 있는가?

매일 아침
종이신문 읽기는 기본

워런 버핏은 신문사를 자꾸 사들입니다. 많은 주주들이 종이신문을 보는 사람이 급감하는데 왜 자꾸 신문에 투자하느냐며 볼멘소리를 했답니다. 그러자 버핏은 이렇게 대답했다고 합니다.

"신문사 투자수익률은 세후 10퍼센트 정도다. 물론 다른 산업이었다면 인수하지 않았을 것이다."

그런데 왜 그는 쇠락하는 신문산업에 투자하는 것일까요? 인터넷과 텔레비전의 발달에도 불구하고 지역신문이 해당 지역의 정보를 가장 잘 전달해 주는 포괄적이고 신뢰할 만한 출처로서 그 지위를 유지하고 있기 때문이라는 것이 버핏의 소신입니다. 물론 그는 신문을 많이 읽습니다.

종이신문 읽기는 기본 옵션

『억만장자 시크릿』에 소개된 전 세계 슈퍼리치 21명이 가진 다섯 가지 공통 습관 중 최고가 "일찍 일어나 신문 읽기"입니다. 김승호 회장도 매일 새벽에 일어나 신문을 읽습니다. 〈뉴욕타임스〉, 〈워싱턴포스트〉, 〈월스트리트저널〉, 〈CNN〉, 〈폭스뉴스〉 같은 인터넷신문으로 미국 소식을 접하고 〈파이낸셜타임스〉, 〈더타임스〉, 〈로이터통신〉으로 영국의 소식을 접하며 〈아사히신문〉, 〈요미우리신문〉 등의 일본 신문과 야후재팬으로 일본의 소식을 살핍니다. 매일 러시아의 동정도 인터넷신문으로 모니터링한답니다. 중국은 〈글로벌타임스〉, 〈인민일보〉를 챙겨보며 가끔 중동의 〈요르단타임스〉, 프랑스의 〈르몽드〉, 독일의 〈슈피겔〉까지 본답니다. 국내 신문까지 모두 살피고 나면 두 시간이 소요된답니다. 나라마다 여러 종의 신문을 보는 것은 입맛에 맞는 뉴스만 골라 보는 편향성을 경계하기 위해서랍니다. 부자들은 책읽기에 종이신문을 포함합니다.

신문구독료 15,000원이면 넷플릭스를 한 달 이용할 수 있습니다. 신문의 경쟁력이 그만큼 떨어진 것입니다. 그런데 언론고시에 합격한 유능한 인재들이 발품 팔아가며 쓴 기사를 종이에 담아내 집 앞까지 배달해 주는 서비스를 생각하면 넷플릭스 한 달 구독료보다 결코 아깝지 않습니다. 신문의 매력은 신문기자들이 만들어 내는 다양하고 깊이 있는 콘텐츠에 있습니다.

부자가 소설을 읽는 진짜 이유

언젠가 추수감사절 무렵, 빌 게이츠가 권하는 '휴가 시즌에 읽을 만한 책' 리스트에 소설이 세 권이나 포함된 적이 있습니다. 그에게는 인생을 바꾼 세 권의 책이 있었는데 그중 한 권이 소설 『위대한 개츠비』랍니다. 그 소설은 게이츠가 10대 시절 처음 읽었는데 이후에도 여러 번 읽었다고 합니다. 바쁜 시간을 쪼개 책 읽는 슈퍼리치들의 리스트에 소설이 들어 있다니 의외라는 생각이 드나요? 물론 부자들은 경제경영이나 인문고전 등 주로 논픽션을 읽긴 하지만 픽션도 즐겨 읽는답니다. 게이츠는 "좋은 소설은 나만의 생각에서 벗어나 다른 사람의 생각으로 안내해준다. 소설을 통해서도 세상을 배울 수 있다"고 말합니다.

제프 베이조스는 가장 좋아하는 소설로 2017년 노벨문학상 수상 작가인 가즈오 이시구로의 『남아 있는 나날』을 꼽았습니다. 베이조스는 이 책을 두고 "나는 지난 열 시간 동안 또 다른 삶을 살았고, 인생과 후회에 관한 무엇인가를 배웠다. 블로그에 쓰는 글로는 이걸 할 순 없다"고 독후감을 공유하기도 했습니다. 또 세계 최고 지도자로 매 순간 압박으로 극심한 스트레스를 받았을 버락 오바마 전 대통령은 영국의 극작가 셰익스피어의 작품을 자주 읽었는데, 그의 작품을 통해 매몰된 사안에서 빠져나올 수 있었고 그 사안을 보다 객관적으로 바라보게 되었다고 합니다. 그리고 스케일이 큰 과학소설을 읽으며 백악관의 일상을 사소하게 여기는 경험도 했다고 합니다.

문학작품 읽으면 부자된다?

미국 뉴욕 뉴스쿨의 심리학 연구진에 따르면 인공지능 기술이 발전할수록 요구되는 공감과 사회적 지각능력, 그리고 감성지능을 발달시키는 데는 문학작품이 그만이랍니다. 영국 웨스트민스터 대학의 크리스틴 세이퍼드 교수도 기업들이 임직원이 소설을 읽을 수 있도록 투자해야 한다고 주장합니다. 문학작품, 특히 소설을 읽으면 평가하기 어려운 자기절제력, 창의력, 공감능력, 학습능력 같은 자질들을 향상시켜 경영에 도움을 줄 수 있다고 합니다. 그는 소설을 읽고 내용에 대해 토론하면서 공동의 언어로 상호 소통하는 능력도 향상될 수 있다는 연구결과도 제시합니다.

마크 저커버그는 책을 추천해달라는 요청을 받으면 필독서라며 『권력의 종말』을 이야기합니다. 그런데 이 책의 저자 모이제스 나임은 이렇게 말합니다.

"내 책 같은 논픽션 말고, 소설을 읽어라."

소설은 독자를 새로운 세계로 인도하는 이상적 입문서라는 것이 모이제스 나임의 생각입니다.

나는 신문을 보며 걸핏하면 편협해지는 내 사고를 조정합니다. 신문기사를 읽다 보면 좋든 싫든 어떤 느낌, 생각, 견해를 갖게 되지요. 그러면 같은 기사를 다른 사람은 어떻게 읽는지 궁금해서, 기어코 해당 신문사의 인터넷을 뒤져 그 기사의 댓글을 읽습니다. 나와 같거나 다른 생각과 의견을 접하며 내 생각과 의견을 수정하기도 하고 보완도 합니다. 그러는 사이 긴 글을 읽고 이해하는 능력도 최소한 유지됩니다. 나는 쓰기에 골몰하느라 책읽기가 소홀해졌다 싶으면 소설을 읽습니다. 넬레 노이하우스 같은 저자의 추리소설은 한달음에 완독합니다. 그렇게 읽기 리듬이 돌아오면 이제 내가 읽어야 할 책을 읽습니다.

휴가 때 할 일은
책 읽는 일

여러 부자 연구자들이 연구하고 탐색한 결과물을 종합해보면 부자들은 주로 새벽에 책을 읽습니다. 그들은 왜 꼭 새벽에 책을 읽을까요? 이 질문을 '부자되려면 책을 새벽에만 읽어야 하나, 밤에는 안 되나?' 하는 것으로 이해해서는 답을 찾기 어렵습니다. 부자들이 꼭 두새벽에 책을 읽는 것은 책읽기를 매우 중요한 과업으로 인식하기 때문이며, 중요한 과업일수록 시간을 우선 투자하는 것이 부자들의 방식이기 때문입니다. 그러니 이른 아침에 책을 읽는 것은 부자들이 책읽기를 가장 우선시하는 과업으로 여긴다는 의미로 파악해야 합니다. 그렇습니다. 부자들은 일하듯 책을 읽습니다. 새벽 시간의 책읽기, 그들에게는 일하는 시간입니다.

휴가야말로 책읽기의 최적

숨만 쉬어도 돈을 번다는 어마어마한 갑부들은 휴가를 어떻게 보낼까요? 어쩌면 지금 당신이 떠올리는 호화로운 방식으로 휴가를 즐길 테지요? 그런데 슈퍼리치들의 호화로운 휴가에는 반드시 이것도 포함됩니다. 바로 책읽기.

그들은 여름휴가를 책 읽는 시간으로 활용합니다. 그들 모두 평소엔 책을 읽을 만한 긴 시간을 내기가 어려우니까요. 여름휴가를 받으면 이때다 하고, 읽고 싶었고 읽어야 할 책읽기에 몰두합니다. 대통령들도 여름휴가에 책을 읽겠다며 혹은 읽었다며 추천도서를 소개하지요. 삼성경제연구소가 뽑은 '여름휴가에 읽을 만한 책 10권' 같은 뉴스가 휴가 시즌을 알리곤 합니다. 우리가 부자의 호화로운 휴가를 흉내 낼 수 없지만, 책 읽는 휴가를 보낸다면 그들 못지않은 여름휴가를 보내는 것입니다. 상상해보세요. 부자들이 해변가에서 혹은 청정한 산속 휴양지에서 책 읽으며 휴가를 즐기는 모습을. 또 떠올려보세요. 그들처럼 책 읽으며 휴가를 보내는 당신의 모습을. 다를 게 없지요?

부자들처럼 책 읽는 가족여행

19세기 영국의 빅토리아 여왕은 3년에 한 번씩 고위직 관리에게 '셰익스피어 버케이션(Shakespeare vacation)'을 명령했다고 합니다. 한 달가량 셰익스피어 작품만 읽고 돌아오는 유급휴가입니다. 이는 15세기 극동지방의 한 왕이 마련한 '사가독서(賜暇讀書)'를 본뜬 것이었다고 해요. 그가 바로 세종 임금. 사가독서는 고위 관리들이 집에서 책을 읽고 수양하는 유급휴가로, 조정 업무로 바빠 책을 읽지 못하는 신하들을 안타깝게 여긴 세종이 "집현전에 출근하지 말고 집에서 오직 독서에 전념해 성과를 내어 내 뜻에 부응하라"라고 하며 짧게는 한 달, 길게는 수년에 걸쳐 휴가를 주었다고 합니다. 물론 '내 뜻에 부응'하기 위한 과제는 만만치 않았다고 해요.

다가올 여름휴가 또는 긴 연휴에 책을 읽으며 보내는 '부자되는 책 읽기 휴가'는 어떨까요? 휴가를 통째로 책읽기에 할애한다면 이미 부자 아니겠어요? 책 읽는 휴가는 책 읽는 습관을 들이는 데 그만입니다. 이렇게 해보세요.

① 읽어야 할 책을 모으세요

특정 주제를 다룬 책 몇 권도 좋고 그동안 사두기만 하고 읽지 못한 책도 좋아요. 이 책들만큼은 읽으리라는 책을 모으세요.

② 책 읽는 시간을 정하세요

일하러 출근하듯, 시간을 정해 그 시간은 책만 읽는 겁니다.

③ 책 읽는 장소를 정하세요

거실이든 서재든 혹은 스타벅스든, 정해진 시간에 그곳으로 가서 책을 읽으세요.

④ 한 권씩 읽으세요

내리읽습니다. 읽기만 하세요.

⑤ 끝까지 읽으세요

연속극처럼 책도 한쪽씩 차분히 읽다 보면 읽는 재미가 쏠쏠합니다. 그러면 어느새 맨 마지막 끝줄을 읽게 됩니다. 그럴 때의 성취감과 후련함, 이번 휴가엔 여기까지만.

지적 전투력을 기르는
딥리딩의 의미

"일어나서 잠자리에 들 때까지 1년 365일 매일 밤낮 가리지 않고 일만 한다."

일론 머스크의 이야기입니다. 그는 사업 그만하고 전업 인플루언서가 되면 어떨지 고려 중이라 합니다. 얼마나 힘들면… 오죽하면… 이런 짠한 마음도 드네요. 일론 머스크는 335조 원(2021년 말 기준)의 재산을 가진 세계 최고 부자인데요, 2021년 한 해 동안 증가한 재산이 151조 원이나 된다고 합니다.

그런 부자인데도 그는 지금도 책을 하루 2권씩도 읽는답니다. 결제서비스 페이팔, 전기자동차 테슬라, 화성개발사업 스페이스X… 일론 머스크가 진행한 사업은 '혁신 교과서' 첫 페이지를 채우고도 남습니다. 그는 이런 투자성과는 사업 아이디어가 떠오르면 책을 찾아 읽는 습관이 만들어주었다고 공공연하게 이야기합니다. 전문가들은 머스크가 부자가 될 수 있었던 것은 미래를 내다보는 상상력과 실험정신이 있었기 때문이고, 그것은 책읽기로 가능했을 것이라고 보고 있습니다. 머스크 역시 그렇게 믿고 있습니다.

투자를 하든 높은 연봉을 받든 꿈을 실현하든 부자되는 일은 지적인 영역에서 일어나는 전투입니다. 이 전투에서 승리하는 최고의 전략자산은 지적 전투력입니다. 지력을 발휘하여 원하는 것을 얻고 의도한 성과를 내는 힘이 지적 전투력이지요. 지적 전투력이란 말은 일본의 생산성 컨설턴트 야마구치 슈의 『독학은 어떻게 삶의 무기가 되는가』에서 발견한 것입니다. 그의 책을 읽고 내가 재정의한 지적 전투력은 '일과 삶의 현장에서 부딪히는 다양한 문제를 자기만의 방법으로 척척 해결하는 지적 능력'을 말합니다.

지적 전투력은 달리 말하면 탁월하게 사고하는 능력입니다. 어떤 문제든 해결하려면 합리적이고 비판적인 그리고 창의적인 사고에 이르기까지 다양한 사고력이 필요하지요.

지적 전투력을 갖추면 어떤 문제가 발생하더라도, 어떤 변화가 닥치더라도 상황을 파악하고 대처 방안을 계획하여 행동하므로 문제를 해결할 수 있습니다. 책읽기는 지적 전투력을 기르는 핵심 방법입니다. 책읽기는 지적 전투력에 필요한 이러한 사고능력을 길러주고 극대화합니다. 그래서 부자들은 책읽기로 지적 전투력을 기릅니다. 지적 전투력을 기르는 부자들의 책읽기는 깊게 읽는 딥리딩(Deep reading)입니다. 딥리딩은 깊이 있게 읽고 생각하여 의견을 만들어 내는 읽기를 말합니다.

미국 아스펜 연구소의 경영자 세미나는 이 분야 세계 최고의 명성을 자랑합니다. 글로벌 리더들인 참석자들은 세미나가 열리기 3개월 전에 주최측이 보낸 500쪽이 넘는 자료를 다 읽어야 하고, 세미나에 참석해서는 일주일 동안 철학고전을 읽습니다. 읽기능력이 부족하면 자료를 읽어낼 수도 세미나에 참석하여 소기의 목적을 달성할 수도 없습니다.

아마존은 특유의 회의 문화로 유명합니다. 모든 회의가 시작과 동시에 30분 동안 제출된 서술형 보고서를 읽는 것으로, 보고서 내용에 대한 질문이 없으면 그것으로 회의를 마치기도 합니다. 현재 아마존에 근무하며 이러한 기업 문화를 체험한 김태강 님은 직급이 높을수록 읽기능력이 뛰어나다고 증언합니다. 지적 전투 현장에서 요구되는 읽기능력이 깊이 있게 읽고 생각하고 의견을 만들어 내는 딥리딩임을 입증해 주는 사례들입니다.

딥리딩은 자기 머리로 생각하는 능력을 만들고 키우는 읽기를 말합니다. 도처에 널린 지식 정보를 비판적으로 생각하고 이해하고 수용하고 그것에 자신의 경험과 지식을 조합하여 성과를 내는 읽기가 부자되는 진짜 책읽기입니다.

부자들 책읽기에
없는 3가지

일본 기업인 아라이 나오유키는 수백여 명의 세계적인 부자와 경영자에게 집사서비스를 제공하는 일본 최고의 집사입니다. 부자의 곁에 24시간 머무르며 일상생활부터 비즈니스까지 일거수일투족을 거들고 관리하지요. 부자의 일이나 일상이 그의 손에서 이뤄집니다. 그가 아주 가까운 거리에서 일상을 함께하며 살핀 부자들의 습관을 책으로 냈는데, 이런 구절이 있습니다.

"부자들은 본업 이외의 일은 시간을 사서 해결한다."

누군가가 대신해줄 수 있는 일은 반드시 대신하게 한다는 것입니다. 부자들이 가장 사고 싶어하는 것도 자동차나 명품, 별장, 요트가 아니라 시간입니다. 그렇게 귀한 시간을 들여 부자들은 직접 책을 읽습니다.

쉽고 빠른 책읽기는 없다

제프 베이조스가 현업에 있을 때, 언젠가 주주들에게 쓴 편지의 일부를 소개합니다.

"내 친구는 최근 완벽한 물구나무서기에 도전했다. 열심히 했지만 되지 않았다. 그래서 코치를 고용했다. 코치는 첫날 이렇게 말했다. 사람들은 열심히 연습하면 2주 만에 물구나무서기를 할 수 있다고 생각한다. 그렇지 않다. 6개월을 연습해야 한다. 2주 만에 가능할 거라고 덤비면 2주 만에 포기하게 될 뿐이다. 높은 기준에는 그에 합당한 현실적인 믿음이 필요하다."

탁월한 성과에는 그에 맞춤하는 현실적인 방법만이 유효할 뿐이라고 합니다. 미국의 저널리스트 헨리 루이스 멩켄의 말처럼 불가능한 일을 기대하면 반드시 지름길을 찾게 됩니다. 모든 지름길은 미신으로 연결되는데, 미신은 어떤 불가능한 것도 쉽고 빠르게 심지어 편하게 가능한 것처럼 꾸며냅니다.

사실 하려고 들면 책 한 권 뚝딱 읽는 거 그리 어려울 것 없습니다. 속독을 하면 하루에 한 권도 어렵잖게 읽을 수 있습니다. 그러니 쉽고 빠르고 편하게 읽는 책읽기 기술을 전수한다는 곳이 많습니다. 책을 쉽고 빠르고 편하게 읽고 싶어하는 사람이 많다는 증거이기도 합니다. 책은 쉽고 빠르고 편한 방법으로 읽어도 좋습니다. 남보다 면

저 발견하고 남모르게 배운 지름길로 질러가는 책읽기를 SNS에 자랑하며 뽐내는 재미도 분명 쏠쏠합니다.

하지만 이런 식의 책읽기로는 많은 돈과 시간과 관심을 쏟아붓더라도 목표인 부자되는 책읽기가 불가능합니다. 당신이 잘못 생각했다거나 당신의 능력에 문제가 있어서가 아닙니다. 전적으로 불가능한 일을 기대하게 만든 사람들 책임입니다. 실제와 달리 목표가 한층 더 가까운 곳에 있다고 믿으면 결과적으로 목표는 더 멀어진다는 것을 알려주지 않았기 때문입니다.

지적 전투력을 발휘하는 부자들의 책읽기

부자들처럼 돈을 만들어 내는 책읽기라면 달라야 합니다. 읽는 대로 돈이 되게 만드는 탁월한 책읽기는 그에 합당한 현실적인 방법이 필요합니다. 부자들처럼 딥리딩을 해야 하는데, 지적 전투력을 발휘하는 부자들의 책읽기에는 세 가지가 없습니다.

① 외상 없다

책은 깊이 있게 읽어야 합니다. 내용을 제대로 읽고 이해하고 생각하며 읽어야 합니다. 이렇게 읽으려면 한 줄 한 줄 성의 있게 읽어야 합니다. 훑어보기, 발췌읽기, 속독 같은 방법으로는 내용을 제대로 이해할 수 없습니다. 부자들의 지적 전투력을 기르는 책읽기에는 외상이 없습니다.

② 지름길 없다

지적 전투력을 기르는 책읽기는 읽은 척하는 흉내로는 턱도 없습니다. 읽고 생각한 것을 자기 것으로 만듭니다. 이런 책읽기에는 질러가는 길이 없습니다. 그런 지름길이 있었다면 부자들이 그토록 아까워하는, 매일 1시간을 책읽기에 투자했을까요? 부자되는 책읽기에는 지름길이 없습니다.

③ 외주 없다

부자들이 누군가에게 책읽기를 대신 시키지 않는 것은 책읽기 효과는 순전히 책을 읽는 사람의 것이기 때문입니다. 책을 읽는 동안 머릿속에서 일어나는 신비와 기적이 읽는 사람의 몫이어서 슈퍼리치들은 책읽기를 직접 합니다. 부자되는 책읽기에는 외주가 없습니다.

고종이 테니스 치는 관리들을 보고 "저 힘든 것을 하인을 시키지 왜 직접 하는가, 수고스럽게" 했다지요. 안 해도 되는 일이고 질러갈 수 있다면, 또 다른 사람에게 시켜도 되는 일이라면 슈퍼리치들이 책읽기를 직접 할 리 없습니다. 디지털 혁명의 상징적 인물인 구글의 슈미트 회장은 졸업식 축사에서 디지털 기기 대신 책을 읽으라 권합니다. 인생에서 가장 중요한 것일수록 책읽기를 통한 사색이 선물하는 통찰에서 비롯되기 때문이라 합니다.

이번 파트에서 파헤친 '부를 만들고 불리고 지켜온 부자되는 책읽기 200년의 비밀'을 한마디로 정리하면 '부자들은 지독(至讀)하게 읽는다'입니다. 그리고 부자들의 지독한 책읽기는 ATM의 투자수익을 최고로 끌어올린다는 것입니다. 따라서 지독한 책읽기는 전략적으로 읽는 진짜 읽기이며 여기에는 문해력이라는 정보처리능력이 요구됩니다.

PART 4

독해력에
깊이를 더하는
문해력의 기술

어떤 것을 먹고 있는지 말해보게.
자네가 어떤 사람인지 맞춰보겠네.

— 브리야 사바랭

어떤 책을 읽었는지 말해보게.
자네가 어떤 사람인지 맞춰보겠네.

— 책사 송코치

워런 버핏이 질투한
무한 학습자 체스키

여행을 좋아하는 사람이라면 숙박 공유 플랫폼 에어비앤비를 잘 알 것입니다. 호텔 분야 최강자인 힐튼호텔을 단숨에 제치고 기업가치 40조 원을 달성한 아이디어 기업이지만, 코로나19 팬데믹으로 가장 손해본 기업 중 하나일 것이라는 짐작도 어렵지 않을 것입니다. 하지만 에어비앤비는 이런 우려를 보기 좋게 박살내며 실리콘밸리에서 또 한번 주목을 받았습니다. 2021년 3분기 매출과 순이익이 1년 전보다 각각 67퍼센트, 280퍼센트 증가한 수치를 달성하며 시장 예상치를 훨씬 뛰어넘는 깜짝 실적을 만들었기 때문이지요. 이러한 기적에 대해 전문가들은 "코로나19 팬데믹 와중에도 발상의 전환을 꾀한 결과"라고 찬사를 보냈습니다.

배우는 능력 덕분에 성공한 사람
집세를 마련하기 위해 남는 방을 빌려주다 에어비앤비를 창업한 창업주이자 CEO인 브라이언 체스키. 창업 초기에는 시리얼박스를 조립해 팔면서 버텨야 할 정도로 힘들었고 빚더미의 위협도 받았는데, 그 빚더미를 10년도 안 돼 복덩이로 만들었습니다.

많은 전문가들은 그의 이러한 성취는 배우는 데 탁월한 능력 덕분이라고 입을 모읍니다. 회사가 기하급수적으로 성장하자 체스키는 본인 역량의 한계를 느끼고 각 분야 최고들을 찾아다니며 배우게 됩니다. 그는 디즈니의 로버트 아이거 회장에게 경영에 대해, 페이스북의 마크 저커버그에게 SNS에 대해, 그리고 애플의 조너선 아이브에게는 디자인에 대해 조언을 구합니다. 그러던 중 워런 버핏 회장을 만나게 되는데, 버핏의 사무실로 찾아간 그는 많이 놀랐다고 합니다. 사무실이 너무 단출해서 그리고 그곳에 주식 시세표나 TV조차 없어서. 또 그곳에서 버핏이 거의 하루 종일 책만 읽는다고 하여 놀랐다고 하죠. 그 후 체스키는 그때의 놀라움과 통찰을 메시지에 담아 임직원들과 공유했다고 합니다.

"누군가의 훈수나 비난에 휘둘려 끌려가기보다는 자기만의 주관과
생각을 키우는 일이 훨씬 더 중요하다."

체스키를 무한 학습 기계로 만든 책읽기

버핏도 체스키만큼이나 감동을 받았다고 합니다. 버핏을 감동하게 만든 체스키의 비밀은 무엇일까요? 에어비앤비의 창업과 초창기

시절을 지켜봐온 실리콘밸리의 투자자이자 링크드인 창립자인 리드 호프만은 체스키가 이룬 놀라운 성취는 그가 잘 배우고 잘 써먹는 역량을 갖췄기 때문이라고 합니다.

"체스키의 가장 큰 장점은 학습입니다. 그는 학습하는 기계 같아요. 끊임없이 읽고 연구하거든요. 우리는 그를 무한 학습자라 불러요."

리드 호프만은 투자할 기업의 창업자를 평가할 때 그가 체스키 같은가, 즉 잘 배우는 사람인가를 본답니다. 체스키를 무한 학습 기계로 만든 것은 책읽기입니다. 아니, 책 읽으며 배운 것을 글로 쓰면서 정리하고 다른 사람과 공유함으로써 새로운 가치를 만드는 그만의 독특한 학습 여정입니다. 조언을 받아들여 자기 것으로 만들고 그 과정을 견고하게 하기 위해 글로 쓰고 공유하는 일련의 프로세스가 체스키로 하여금 빛나는 업적을 이루게 한 것입니다. 책읽기를 돈으로 바꾼 이러한 일련의 능력을 우리는 문해력이라 부릅니다. 체스키는 잘 배워 잘 써먹는 문해력을 발휘한 부자의 전형입니다. 책을 읽는 사람은 많지만 책읽기를 부자되는 프로세스로 연결하지 못하는 것은 배운 것을 자기 것으로 만드는 문해력이 없기 때문입니다.

거침없이 읽고
막힘없이 써먹어라

〈월스트리트저널〉 칼럼니스트로 10년 넘게 금융과 투자에 대한 글을 써온 모건 하우절은 청소일을 하며 100억 부자가 된 청소부와 하루아침에 파산한 백만장자 투자자의 사례를 비교하며 두 사람의 운명을 가른 것에 대해 생각해보았답니다. 대체 그 차이는 뭘까요? 그가 알아낸 것은 두 가지. 재무적 결과는 재능, 노력, 학력 등과 직접적 관련이 없다는 것, 그리고 부의 축적은 과학이나 숫자보다는 오히려 심리적 측면이 강하다는 것입니다. 이 중에서도 후자가 더 큰 영향력을 미친다고 결론 내립니다.

"사람들이 왜 빚에 허덕이는지 이해하려면 이자율을 공부할 것이 아니라 탐욕과 불안, 낙천주의의 역사를 공부해야 한다. 투자자들이 왜 약세장 바닥에서 자산을 팔아버리는지 이해하려면 미래의 기대수익 계산법을 공부할 것이 아니라 가족들을 지켜보아야 한다."

특유의 유연한 판단력을 바탕으로 한 고도의 독해력

모건 하우절이 말한 돈을 다루는 심리를 좌우하는 능력—배우기, 지켜보기, 생각하기—을 통틀어 문해력이라 합니다.

문해력이란 '글을 읽고 쓰고 다루는 능력'을 말합니다. 주어진 글이나 자료, 책을 제대로 읽고 이해하고 생각하여 자신의 언어로 표현하는 능력입니다. 독해력이 글을 읽고 해석하고 이해하는 능력이라면 문해력은 글을 읽고 이해한 내용을 응용하고 활용하는 것까지 포함하는 것입니다. 경제협력개발기구(OECD)는 일과 일상의 크고 작은 문제를 해결하고 과제를 달성하는 능력까지를 문해력이라 봅니다.

일본이 낳은 세계적인 인공지능 전문가인 일본국립정보학연구소 아라이 노리코 교수진은 동경 대학에 진학할 만한 인공지능 로봇을 개발했습니다. 그리고 대입시험에 응시하게 했습니다. 결론은 실패! 4수 끝에 동경 대학 입학프로젝트를 포기하며 아라이 노리코 교수는 이런 결론을 내립니다.

"로봇이 동경 대학 입시에 실패한 이유는 독해력이 부족해서다. 로봇은 의미를 알아야 처리 가능한 일은 하지 못한다. 고도의 독해력과 상식, 인간 특유의 유연한 판단력을 바탕으로 한 일은 로봇에게 불가능하다."

이어 노리코 교수는 인공지능이 활개칠 20년 후의 시대에 살아남을 일자리의 공통점은 커뮤니케이션 능력이나 이해력이 필요한 것이라고 강조하면서 인공지능에 지지 않으려면 수준 높은 독해력을 갖춰야 한다고 언급합니다. 아라이 노리코 교수가 말하는 '수준 높은 독해력'이 바로 문해력이지요. 글을 다루는 능력이 인공지능시대에도 여전히 가치 있는 것은 읽고 생각하고 사용할 줄 아는 문해력이 모든 학습의 기본 역량이기 때문입니다. 지식을 전달하는 가장 보편적이고 수월한 매개체이자 도구가 텍스트, 글이기 때문이지요.

우리나라에서도 최근 교육방송 등에서 문해력을 다루며 화제가 되고 있습니다만 나는 2010년 『읽고 쓰고 생각하다』는 책을 내면서부터 문해력 전도사로 활동해왔습니다. 이 책에서 나는 문해력을 "원하는 성공을 이루는 사람들이 가진 DNA"라고 했습니다. 문해력이 높을수록 연봉이 많고 직급이 높으며, 성공한 사람으로 살기 때문입니다. 그러므로 문해력은 한 사람의 자존감의 척도이자 원하는 삶을 살아가는 데 없어서는 안 될 도구라고 거듭 강조했습니다.

변화를 만들어 내는
책읽기는 무엇이 다른가

경영 컨설턴트 제프리 콜빈은 경제잡지 〈포춘〉의 편집장 시절, 세계적인 기업의 탁월한 경영자들을 수없이 만났다고 합니다. 그리고 그들에게서 공통적인 특징을 발견했는데, 보통 사람들이 인식하지 못하는 것들을 인식하고 멀리 내다볼 줄 알며 순간적으로 많은 것을 파악하는 데다 필요한 순간 적절한 정보를 꺼내서 쓰는 데도 아주 능숙하다고 합니다. 거침없이 읽고 막힘없이 써먹는 문해력을 토대로 사고능력을 한껏 발휘하는 사람들이지요.

나도 경험한 적이 있습니다. 방송, 잡지 등 언론에서 일하며 우리 가까이에 있는 탁월한 리더들 또한 정보를 파악하고 내 것으로 만들어 활용할 줄 아는 데 아주 뛰어나다는 것을 발견했습니다. 일터가 어떤 곳이든 어떤 방식으로 일을 하든 문해력은 일의 성과를 좌우합니다. 페이스북 코리아에서 글로벌 비즈니스 마케팅을 담당하는 서은아 상무는 마케터, 기획자로 일하면서 가장 중요하게 여긴 것은 문맥을 이해하는 능력이었는데 그 단단한 힘의 원천이 그간 손에 쥐었던 수많은 책들이었다고 합니다. 문해력을 갖췄으니 가능한 일입니다.

문해력 작동 3단계 메커니즘

문해력은 정보를 취하고 가공하여 의미 있는 것을 만들어 내는 프로세스이자 시스템입니다. 컴퓨터가 정보를 처리하듯 문해력은 반드시 인풋에서 아웃풋까지 세 단계로 작동합니다.

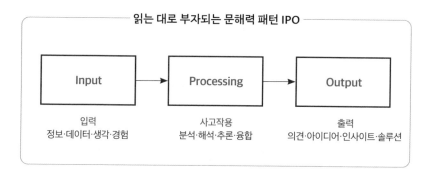

읽는 대로 부자되는 문해력 패턴 IPO

Input	Processing	Output
입력	사고작용	출력
정보·데이터·생각·경험	분석·해석·추론·융합	의견·아이디어·인사이트·솔루션

1단계 : 인풋

정보—책이나 자료에서 내용, 데이터 접하기.

2단계 : 프로세싱

정보를 이해하고 분석하고 추론하고 융합하기.

의견과 아이디어, 인사이트, 솔루션을 도출하여 일과 일상의 과제를 수행하고 문제를 해결하는 데 활용하기.

책을 읽어도 변화가 없는 가짜 책읽기의 원인

문해력이 인풋-아웃풋의 패턴으로 작동하는 것을 이해하면 책을 많이 읽는데도 아무런 변화가 없는 가짜 책읽기의 원인이 파악됩니다. 인풋-읽기에만 그쳤거나 인풋-읽기가 미흡했거나 둘 다인 경우가 흔합니다. 문해력이 가동되지 못한 결과지요. 부자들은 과제나 문제에 직면하면 관련한 지식과 정보를 수집하여 이해하고 이를 처리하여 과제를 수행하고 문제를 해결합니다. 인풋-프로세싱-아웃풋, IPO 패턴으로 해결합니다. 문해력을 발휘하는 사람은 이렇게 자기 머리로 생각하고 일하고 투자하고 돈을 법니다. 문해력이 없으면 만날 남의 생각, 남의 지식을 읽고 답습하는 데 시간과 에너지와 돈을 낭비합니다.

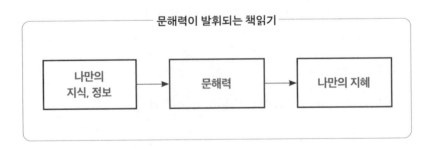

문해력이 정말 무서운 것은 그것을 가진 사람은 점점 잘 읽는 데 비해, 그것을 갖지 못해 잘 읽지 못하는 사람은 갈수록 더 못 읽는다는 것입니다. 어떤 업무를 수행하는 데 필수불가결한 요소를 '미션 크리티컬(mission critical)'이라 하는데, 문해력이야말로 부자되려는 사람들의 미션 크리티컬입니다. 정보를 처리하는 문해력이 정상적으로 작동되지 않거나 파괴되면 원활한 사고작용이 불가능하고 그러면 업무에 치명적인 영향을 미칩니다. 문해력 없이는 책을 아무리 읽어도 늘 제자리입니다.

읽는 대로 돈이 되는
문해력의 실체

"만약 당신이 책을 제대로 읽는다면 사물들 사이의 유사성을 찾는 것에 능숙해진다. 그러면 이전보다 훨씬 원활하게 일을 진행할 수 있다."

빌 게이츠가 말하는 책읽기의 장점입니다. 빌 게이츠가 언급한, 제대로 독서하는 사람들은 문제해결에 탁월합니다. 문해력이 발동하는 책읽기로 가능한 일입니다. 문해력은 추론력의 다른 표현이기도 합니다. 이미 알고 있는 지식이나 정보를 비교하거나 분석하여 새로운 문제를 해결하는 능력을 추론력이라 하니까요. 부자들처럼 읽는 대로 돈이 되는 책읽기는 정보를 처리하고 추론하여 써먹는 힘인 문해력에 달려 있습니다.

좀 더 깊게 들어가면 문해력은 사안의 핵심을 재빠르게 파악하고 이해하여 패턴을 찾고 그것으로 다음 단계를 추론하여 이득이 되는 아이디어를 만들어 내는 사고능력을 말합니다. 이러한 사고능력을 나는 '생각머리'라 부르는데, 생각머리는 글을 읽고 쓸 줄 아는 '글머리'로, 상대의 말을 잘 알아듣고 이해하여 그 내용에 맞게 대답하며 소통을 잘하는 '말머리'로, 배운 대로 이해하고 활용하여 공부를 잘하게 되는 '공부머리'로, 그리고 일터에서는 문제를 해결하고 성과를 내는 '일머리'로 발휘됩니다.

코로나19 쇼크로 일터에서 일머리는 훨씬 중요해졌습니다. 더 이상 일하는 방식은 중요하지 않고, 어떻게 일하든 목표한 성과를 내는 것만이 유효합니다. 일의 성과만이 고용 여부, 연봉이나 승진의 유일한 기준으로 작용합니다. 전에 없던 문제가 속출하고 코로나19 이전의 모범답안은 참고할 여지조차 없는 일터 환경은 새로운 기준에서

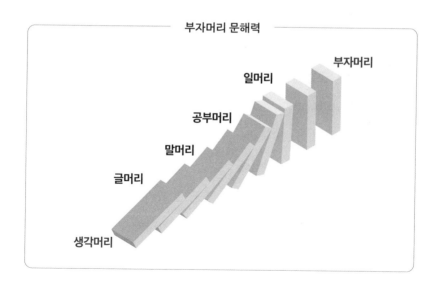

새롭게 배워 일에 써먹고 성과를 내는 공부머리, 일머리를 필요로 합니다. 문해력을 기반으로 생각할 줄 아는 능력을 가진 사람만이 가능한 경지입니다.

문해력은 정보처리능력

문해력이란 글을 읽고 쓰고 다루는 능력을 발휘하여 정보나 지식을 입수, 가공하고 그 결과로 의도한 것을 얻는 정보처리능력입니다.

문해력은 거침없이 읽고 막힘없이 써먹는 사고능력

문해력은 어떤 정보든 거침없이 읽고 막힘없이 써먹게 하는 능력입니다. 거침없이 읽는다는 것은 정제된 지식의 보고인 책과 뉴스와 자료, 데이터들을 비판적으로 읽고 이해하고 분석하고 추론하는 것을 말합니다. 또한 사람과 세상과 트렌드를 섬세하게 통찰하는 것도 포함합니다. 막힘없이 써먹는다는 것은 이해, 분석, 추론에 자신의 경험과 지식을 조합하여 성과를 만들고 문제를 해결하여 가치를 창출하는 것을 말합니다.

문해력은 생각머리의 원동력

일과 투자, 재테크를 통해 부를 만들고 지키고 키우고 또 원하는 성공을 얻는 것은 머릿속 사고작용의 결과입니다. 사고작용, 생각머리가 잘 돌아가려면 외부에서 받아들인 정보를 처리하여 나에게 유용하도록 활용하는 문해력이 제대로 작동해야 합니다. 그러므로 문해력은 생각머리의 원동력입니다.

문해력은 성공+부+행복을 얻는 부자머리 엔진

문해력을 포함한 생각머리가 잘 돌아가면 말과 글을 다루어 원하는 것을 얻는 글머리가, 상대의 말을 잘 알아듣고 이해하여 그에 맞게 대답하며 소통을 잘하는 말머리가, 배우는 것마다 자기 것으로 만드는 공부머리가, 그리고 일터에서 부딪히는 문제를 해결하고 성과를 내는 일머리가 발휘됩니다. 문해력에서 출발한 생각머리는 글머리+말머리+공부머리+일머리가 한꺼번에 발현되는 부자머리로 진화합니다. 문해력은 부자머리의 엔진입니다.

문해력이 없으면
읽을수록 손해다

의사, 약사, 조종사, 변호사, 회계사, 이 직업들은 공통점이 많습니다. 우선 많은 시간 투자하여 교육을 받아야 합니다. 꽤 어려운 자격시험에 합격해야 합니다. 직업적 지식이 풍부해야 합니다. 아는 게 많아야 한다는 뜻입니다. 또한 이들은 돈을 많이 법니다. 공통점이 하나 더 있습니다. 여러 연구기관들이 손꼽는, 인공지능에 쫓겨 사라지게 될 고연봉 직업군이라는 것입니다.

문제해결능력과 창의력이 극단적으로 중요해지는 시대, 이른바 4차 산업혁명시대에는 업무가 반복되거나 단순한 작업은 기계와 인공지능으로 대체된다고 합니다. 대신 새로운 지식을 이해하고 흡수하는 능력과 이를 바탕으로 융합적으로 사고하는 능력을 갖춘 이들이 환영받는다고 하지요. 문해력으로, 읽는 대로 돈이 되는 부자머리를 갖춘 사람만이 인공지능이 지배하는 세상에서 생존할 수 있습니다.

책을 많이 읽는데 왜 나는 늘 제자리일까

경제신문에서는 직장인들이 자기계발을 위해 적잖은 돈과 시간과 에너지를 들인다고 보도합니다. 코로나19 팬데믹으로 집 안에서 보내는 시간이 길어지면서, 온라인에서는 자기계발을 도모하는 책읽기 인증 관련 콘텐츠가 쏟아졌지요. 이런 하소연도 넘칩니다.

"책 한 쪽 읽는데 무슨 소린지 모르겠어요."
"책을 다 읽어도 무슨 내용인지 기억도 안 나요."
"한 줄 쓰는데 머리부터 아프네요."
"배우긴 하는데 그것으로 그만이에요."
"그나마도 안 하면 불안해서요."

문해력이라는 인프라 없이 책에 매달린 결과입니다. 빈 독에 물 붓기지요. 산업 인프라 없이 국가 경제가 발전할 수 없듯 문해력이라는 인프라 없이는 어떤 배움도 어떤 노력도 '삽질'에 그칩니다. 문해력이라는 인프라 위에서 책읽기는 읽고 생각하고 표현하기라는 프로세스를 거쳐 가치 있는 것을 만들어냅니다. 정보나 데이터, 생각한 것들, 경험은 읽기라는 형식으로 생각하기를 촉발하고 일리 있고 짜임새 있게 진행된 생각은 결론을 담은 의견, 신박한 아이디어, 문제해결의 실마리를 푸는 인사이트, 그리고 문제해결에 필요한 솔루션을 만들어냅니다.

부자들은 돈을 잃지 않는 투자를 최고로 칩니다. 책읽기에 ATM을 투자하여 건지는 게 없다면 읽을수록 손해입니다. 지금까지 손해보는 책읽기를 했다면, 책을 읽고도 부자되는 길에 다가서지 못했다는 생각이 든다면, 그리고 책을 읽는 대로 부자들의 세계에 진입하고 싶다면 당신의 문해력부터 되살려야 합니다. 문해력이라는 인프라부터 깔아야 합니다.

문해력 CPR이 필요해

흔히들 컴퓨터와 사람의 몸을 비유해서 말하곤 합니다. 컴퓨터의 중심부에서 모든 데이터를 처리하는 장치 CPU는 '컴퓨터의 뇌'라 하고 컴퓨터에 전원을 안정적으로 공급하는 전원 공급장치 '파워 서플라이'는 심장에 비유하지요. 부자머리의 핵심인 생각하는 힘과 문해력의 관계도 이와 똑같습니다. 사고력이란 정보를 처리하고 정보를 연결하여 생각을 만들고 그것을 토대로 판단하는 일련의 정신활동입니다. 사고력이 뇌에서 일어나는 작업이라면, 문해력은 이 같은 작업을 가능하게 하는 심장입니다. 뇌가 작업하려면 정보를 받아들이고 해석하여 써먹는 문해력이 제대로 기능해야 합니다.

만일, 당신의 문해력이 제대로 작동하지 않는다면 문해력을 소생시키는 CPR을 해야 합니다. 문해력이 맹렬하게 작동하도록 만들어 생각머리가 쌩쌩 돌게 해야 합니다. 그런데 우리는 학교 다니는 동안에도, 그 이후에도 문해력을 제대로 습득하지 못했습니다. 그러다 보니 책을 읽어도 남는 게 없고 책 읽는 데 들인 ATM을 낭비하는 가짜 책읽기만 해왔습니다. 이제라도 부자들처럼 진짜 책읽기가 가능하도록 문해력 소생술을 소개합니다. 문해력 소생술은 정보처리능력의 가장 기초단계인 읽기능력을 복원하는 것이 핵심입니다. 읽기능력은 비판적으로 읽기, 생각하며 읽기, 쓰면서 읽기라는 방법으로 복원되고 개발됩니다.

문해력 소생술 프로그램 CPR

Critical reading   비판적으로 읽기
Proactive reading   생각하며 읽기
using wRiting   쓰면서 읽기

퍼스널컴퓨터시대가 열리면서 스티브 잡스는 컴퓨터라는 도구를 사용하면 걷기만 하던 사람도 자전거를 타는 것과 같아진다 했습니다. 애플의 퍼스널컴퓨터는 '정신의 자전거'라고 공언했습니다. 당신의 사고력에 문해력이라는 인프라를 깔면 자전거를 타던 사람이 오토바이를 타는 것과 같아집니다. 그러니 문해력은 정신의 오토바이입니다. 당신의 문해력을 CPR하여 부자머리를 가지세요.

자기 머리로
생각하며 읽어라

페이스북 최고운영책임자 셰릴 샌드버그, 〈블룸버그〉 창립자 마이클 블룸버그, 세계 최대 헤지펀드 브리지워터 어소시에이츠 설립자 레이 달리오, 제너럴일렉트릭(GE) 전 회장 제프리 이멜트. 이름이 곧 브랜드인 이들은 하버드 경영대학원이 자랑하는 졸업생 중 성공한 사람들입니다. 또 그들 중 한 명인 일본인 하토야마 레히토도 헬로키티로 유명한 캐릭터 비즈니스 기업 산리오에서 5년 동안 일하며 3배의 영업이익을 올리고, 시가총액을 7배로 성장시킨 탁월한 경영인입니다. 레히토는 자신의 이러한 성취를 하버드 경영대학원에서 배운 사례연구법 덕분이라 합니다. 사례연구법이란 사전에 준비된 사례를 읽고 분석하고 검토하여 해결책을 구한 다음 수업에 임하여 토론하고 교수의 피드백을 듣는 방식의 수업을 말합니다. 이 방식의 핵심은 책이나 자료를 읽고 얻게 된 지식을 실천하는 것으로, 자기 머리로 생각할 줄 아는 능력을 기르는 것입니다.

부자머리는 문해력과 비판적 사고가 합해져야 가능하다

책을 읽기만 하는 것은 저자가 던져준 답을 받아들이는 것에 불과합니다. 저자가 생각한 답은 저자의 문제를 해결하는 맞춤 답안입니다. 책을 읽고 거기서 얻은 내용으로 내 문제를 해결하려면 책을 비판적으로 읽고 합리적으로 판단하는 사고작용이 필요합니다. 그래야 책의 내용을 수용하든 무시하든 내게 맞게 활용할 수 있습니다. 그런 다음에라야 내 문제를 해결할 수 있습니다.

"쓰레기를 넣으면 쓰레기가 나온다"라는 말은 문해력의 인풋-아웃풋 패턴을 강조할 때 자주 쓰입니다. 인풋이 부실하면 아웃풋도 부실할 수밖에 없다는 의미입니다. 인풋이 부실한지 아닌지 파악하려면 인풋을 알아보는 안목이 요구되지요. 이러한 안목은 주어진 내용이 논리적으로 모순되거나 오류는 없는지, 주장은 신뢰할 만한지와 같은 기준으로 내용을 분석하고 판단하는 사고능력을 말하는데 이를 비판적으로 생각하기-크리티컬 씽킹(critical thinking)이라 합니다.

자료를 비판적으로 알아보는 안목이 없으면 문해력은 힘을 쓸 수 없습니다. 비판적으로 생각하려면 인풋-아웃풋 패턴을 자유자재로 구사하는 문해력이 요구됩니다. 문해력은 비판적으로 생각하기의 핵심요소이며 비판적으로 생각하기는 문해력의 필수요소입니다. 결국 부자머리는 문해력과 비판적 사고가 합해져야 가능한 것입니다.

읽기능력이 떨어지면 비판적으로 생각하는 능력도 떨어진다

부자되는 책읽기에 도전하는 당신은 문해력의 필수요소인 비판적으로 생각하기에 문제없나요? OECD는 디지털 세상에서의 사람들의 문해력 수준이 어떤지 들여다보았답니다. 우리나라 중학생의 경우 인터넷 정보에서 '사실과 의견을 식별하는 능력'이 가장 낮은 수준이라 합니다. 평균보다도 절반이나 떨어진 수준으로 드러나 놀라움을 안겨주었는데 어디 중학생뿐이겠어요. 먹고사느라 바쁜 어른들은 이보다 훨씬 못하지 않을까요? OECD 자료를 보면 전반적으로 읽기능력이 높을수록 사실과 의견을 식별하는 역량 또한 높은 것으로 드러났습니다. 비판적으로 생각하는 능력 없이는 읽기능력도 떨어지고 읽기능력이 떨어지면 비판적으로 생각하는 능력도 현저하게 떨어진다는 것입니다. 먼저 비판적으로 읽는 능력부터 키워야겠습니다.

의심하고 질문하고
반박하며 읽어라

미국의 대통령은 전 세계를 쥐락펴락한다 하여 세계의 대통령이라 불립니다. 그런 만큼 미국의 대통령은 극심한 스트레스를 피할 수 없을 겁니다.

"책읽기는 갖가지 정보, 극단적 당쟁으로 시끄럽고 바람 잘 날 없는 백악관에서 보낸 8년 동안 이상과 영감의 원천이었고, 복잡하고 분명치 않게 보이는 인간 사회를 새롭게 보고 해석하는 힘을 주었다."

오바마 전 미국 대통령은 8년 동안 백악관에서 생존할 수 있었던 것은 오로지 책읽기 덕분이었다고 고백합니다. 어떻게든 책읽기를 빠뜨리지 않았기에 초죽음 같은 일정과 압박과 스트레스를 견딜 수 있었다고 합니다. 일이 급박하게 돌아가고 숱한 정보가 난무할 때, 그는 책읽기로 속도를 늦추고 자신만의 관점을 갖고 다른 입장 다른 방법으로 생각할 수 있었다고 합니다. 책읽기가 더 나은 대통령으로 만들었는지는 알 수 없지만, 적어도 균형을 잃지 않게 한 것은 분명하다고 말합니다. 비판적 책읽기가 가능했기에, 그는 미국 국민으로부터 지난 40년 동안 집권한 7명의 대통령 가운데 직무를 가장 잘했다는 평가를 무려 35퍼센트나 받았겠지요.

생각하며 읽어라

미국 대통령은 세계의 안위를 좌우하는 의사결정을 할 때 어떤 점이 가장 어려웠을까요? 눈앞에 놓인 보고서를 엄정하게 읽는 것입니다. 보고서도 작성자의 의도가 반영된 것이니 그 의도를 걷어내고 비판적으로 읽는 것이 가장 중요할 것입니다.

미국의 대학입학 자격시험인 SAT는 읽기와 쓰기, 수학 세 과목으로 시험을 치른다고 합니다. 읽기는 그냥 읽기(reading)가 아니라 비판적 읽기(critical reading)입니다. 비판적 읽기란 글쓴이의 주장을 그대로 따르는 것이 아니라 그것을 토대로 자기 머리로 생각하며 읽는 것을 말합니다. 비판적 사고는 사고기술이라기보다 사고하는 태도를 의미합니다. 이 분야의 세계적인 전문가 대니얼 레비틴 맥길 대학 교수는 정보의 양이 엄두를 내기 어려울 정도로 많아 올바른 판단을 내리기 어려운 정보과부하시대에는 중요한 문제도 증거나 논리보다는 마음이 끌리는 대로 본능적 반응에 따라 결정하기 십상이어서 비판적 읽기를 해야 한다고 설명합니다.

"의사결정능력을 높이려면 비판적 사고를 예리하게 다듬고 비판적 질문으로 무장한 다음 판단에 앞서 끊임없이 그런 질문을 던지며 곰곰이 따져봐야 한다."

부자들은 일반적 업무든 투자든 매 순간 의사결정을 해야 합니다. 그들은 신속하고 정확한 의사결정을 많이 해야 하는 부담과 압박 속에 삽니다. 이런 상황에서 비판적 읽기는 그들의 의사결정 결과를 좌우하는 것이나 다름없습니다. 책읽기로 부자되는 부자머리를 가지려면 비판적으로 읽는 능력을 길러야 합니다.

의심하며 읽어라

책에 쓰인 주장 그대로 받아들이고 믿는 것은 저자의 생각을 내 머리에 이식하는 것에 불과합니다. 교과서가 아닌 다음에야 모든 책은 저자의 생각을 옮겨놓은 것이고, 그 생각은 지극히 주관적이고 이기적입니다. 역사처럼 팔이 안으로 굽는 기록이지요. 그러니 편견과 선입견에 치우치지 않으려면 밝은 눈으로 읽어야 합니다. 가정이나 전제에 대해 의문을 갖고, 증거를 체계적으로 분석하고, 합리적으로 의심하고, 의심을 해소하고 읽는 것이 비판적 읽기입니다.

"책에 쓰여 있는 내용이 전부 옳다고 믿는 사람, 책에서 전개하고 있는 저자의 사고를 자신의 사고와 완전히 혼동해버리는 사람은 생각하는 힘을 잃어간다. 그 사람의 머리는 타인의 사상이 뛰노는 운동장에 불과하기 때문이다."

철학자 쇼펜하우어는 하루를 통째로 다독에 허비하는 부지런한 사람은 생각 없이 읽는 사람이라, 마침내 생각하는 능력을 잃게 되는 가장 위험한 사람이라고 경고합니다. 책을 읽는 것은 자신의 머리로 생각하는 일인데 책을 너무 많이 읽기 때문에 오히려 깊이 생각하지 못하게 되는 사람도 있다는 지적입니다.

비판적 읽기는 그럴 듯해 보이는 주장, 당연해 보이는 생각을 회의적으로 받아들이는 것에서 시작합니다. 비판적으로 읽고 보고 생각

하고 판단하지 못하면, 그리고 정보나 뉴스나 소문 등을 비판적으로 수용할 줄 모르면 듣고 싶은 대로 들어버립니다. 그러면 투자나 업무, 공부 그리고 일상에서까지 결과적으로 잘못이나 실수를 야기하여 큰 실패로 이어집니다.

자신의 억측을
점검하며 읽어라

책읽기는 변화를 이끌어내는 마중물입니다. 책을 읽고도 일과 일상에 아무런 변화가 없다면 책을 읽는 시늉만 한 것입니다. 책읽기로 의도한 변화를 가지려면 책을 읽는 동안 변화를 가져올 씨앗을 뿌려야 합니다. 질문, 의문, 반문, 이 세 가지 씨앗이 책읽기로 변화를 불러옵니다. 『정의란 무엇인가』의 저자 마이클 샌델의 말입니다.

"내 유일한 책읽기 습관은, 질문을 하며 책을 읽는 것이다. 작가와 상호작용하는 것이 바로 능동적 독서다. 책은 저자와의 대화 자리에 초대하는 일종의 초대장이다."

맥킨지에서 세계적인 기업들을 컨설팅한 바바라 민토는 자신이 쓴 글을 읽을 때도 Why?(왜?) True?(정말?) So what?(그래서?), 이 세 가지를 늘 의식하라고 조언합니다. 그래야 '말이 되는 글'을 쓸 수 있다고 설명합니다. 미국의 유명한 책읽기 전문가인 모티머 J. 애들러는 수준 높은 책읽기를 하려면 네 단계의 질문을 가지고 읽어야 한다고 일러줍니다. 이 질문은 책이 가벼운 것이든 무거운 것이든, 픽션이든 논픽션이든, 읽는 목적이 어떠하든 상관없이 좀 더 나은 책읽기를 보장한다고 장담합니다.

1. 전반적으로 무엇에 관한 책인가?
2. 자세하게 다루고 있는 것은 무엇인가?
3. 전반적으로 또는 부분적으로 그 내용은 맞는 것인가?
4. 그 내용의 의의는 무엇인가?

나는 책쓰기 수업을 할 때 예비저자가 그동안 읽은 책을 점검하게 합니다. 이때 세 가지 질문을 반드시 넣도록 안내합니다.

1. 무슨 내용에 관한 책인가?
2. 누구에게 왜 필요한가?
3. 무엇을 어떻게 하라는 내용인가?

질문하며 읽기는 책 내용을 비판적으로 읽게 합니다. 일방적으로 받아들이지 않고 의심하며 읽게 합니다. 그렇게 책을 다 읽으면 위 질문의 답이 바로 나올 수 있습니다. 그것은 저자의 주장대로가 아닌 자기 머리로 생각해낸 답입니다.

억측의 덫을 피하는 의심

노벨물리학상 수상자인 아노 펜지어스는 매일 아침 일어나자마자 맨 먼저 자신에게 이렇게 묻는답니다.

"나는 왜 내가 믿는 것을 철석같이 믿는가?"

끊임없이 자신의 억측을 점검하는 태도가 성공비결이라고 말하는 그는 누구라도 억측을 넘어서고 싶다면 억측을 점검하라고 권합니다. 자신의 억측과 선입견이 그에 맞는 정보만 끌어당겨 위험한 판단과 잘못된 의사결정을 하게 된다면서요. 그의 억측 점검을 책읽기에 적용하면 이런 질문으로 바꿀 수 있습니다.

"나는 책에서 말하는 것을 믿는가?"

"왜 그것을 믿는가?"

"혹시 그것이 사실이었으면 하고 믿는 것인가?"

"만약 그 생각이 잘못되었다면?"

"그렇다면 그 이유는 무엇 때문인가?"

팩트에 집중하며
읽어라

빌 게이츠는 2010년부터 매년 5~6월이면 대학생들이 읽으면 좋은 책들을 추천해왔습니다. 2020년에는 미국의 모든 대학과 대학원 졸업생들에게 세계적 석학 한스 로슬링의 『팩트풀니스(Factfulness)』를 전자책으로 선물했습니다. 게이츠는 당시 "나에게 큰 감동을 준 책"으로 "학생들에게 이 책은 세계를 명확히 이해하기 위한 유용한 안내서가 될 것"이라며 선물한 이유도 덧붙였습니다. 이 책에서 한스 로슬링은 "사실과 주장을 혼동하는 것이 이해를 가로막고 두려움과 편견을 낳는다"고 경고합니다. 사실과 주장을 혼동하는 것은 제대로 된 읽기를 가로막는 치명적인 장애물입니다.

팩트에 근거해 바라보고 이해하라

세계를 이해하기 위한 열세 가지 문제를 인간과 침팬지에게 각각 풀게 했는데, 인간의 평균 정답률은 16퍼센트, 침팬지는 33퍼센트.

한스 로슬링은 인간이 침팬지를 이기지 못하는 이유가 있는 그대로를 볼 줄 몰라서라고 직격합니다. 『팩트풀니스』의 저자들은 사실이 아니라 느낌대로 정보를 인식하는 습관은 착각만 남길 뿐이라며 팩트(사실)에 근거해 세계를 바라보고 이해하는 태도와 관점을 가져야 한다고 조언합니다. 부자들은 읽히는 대로가 아니라 뇌에 불을 켜고 읽습니다. 워런 버핏은 자신의 직업에 대해 이렇게 표현할 정도입니다.

"내 직업은 본질적으로 오직 보다 더 많은 사실과 정보를 찾아내는 것이다."

사실적 이해력을 높여라

부자들은 책에서 읽은 내용을 비판적으로 수용하고 추론하여 자기만의 생각을 만들어냅니다. 쓰인 그대로의 글을 읽고 이해하여 핵심정보와 세부정보들을 정확히 파악할 줄 압니다. 그런데 우리 대부분은 있는 그대로 쓰인 대로 읽지 못합니다. 의미파악을 제대로 못하거나 어림짐작하거나 대충 읽거나….

어떻게 읽어야 사실과 주장을 식별하며 사실적 이해력을 높일 수 있을까요?

정보를 평가하라

책의 정보를 그대로 받아들이지 말고 자문하세요. 정보원 평가가 제일 중요합니다. 정보는 누가 제공하는지, 저자인지 다른 사람인지, 정보를 제공한 사람은 믿을 만한지. 정보원 파악에 이어 정보 자체를 평가하세요. 정보가 어떻게 만들어졌는지, 직접 경험하고 만든 것인지, 보고 들은 것인지 하나하나 따져보세요.

헛소리를 가려내라

책 속 내용이나 정보가 믿을 만한지 그 여부를 가려야 합니다. 정보의 신뢰성을 점검할 때는 어떤 주장에 감춰진 본질을 반문하는 것으로 시작합니다. 정보가 믿을 만하다고 말하는 증거는 무엇이며 그 증거는 얼마나 확실한가를 살핍니다. 또 주장에는 다른 의도가 숨겨져 있지 않은지도 탐색합니다.

뇌에 불을 켜고 읽어라

쓰인 그대로 사실대로 읽으려면 눈이 아니라 뇌에 불을 켜야 합니다. 눈으로만 읽으면 경중경중 읽습니다. 뇌에 불을 켜려면 온몸으로 읽어야 합니다. 밑줄을 치며 읽고, 의미 단위별로 빗금을 쳐가며 읽고, 복잡한 문장은 문장 구조를 분석해가며 읽고, 이해가 잘 되지 않은 부분은 소리내어 읽고 또 내용을 옮겨 써보면서 읽어야 합니다.

의미 단위로
끊어 읽어라

사실적 이해력을 가로막는 뜻밖의 원인이 있습니다. 읽기는 지극히 개인적인 행위라 그 원인을 잡아내기 쉽지 않아 잘 고쳐지지도 않습니다. 그 원인은 바로 단어 위주로 읽는 습관입니다. 단어 하나하나 혹은 두어 단어만 묶어 읽다 보면 금세 지칩니다. 읽는 행위가 힘들면 거기에 에너지와 관심을 빼앗겨 정작 의미파악에 소홀하거나 부실해지기 일쑤지요. 비판적 읽기는커녕, 글을 읽고 난 후에도 무엇을 읽었는지 기억이 잘 나지 않습니다. 단어 한두 개씩 묶어 읽는 습관은 단어를 해독하는 데만 몰두하여 이해력을 떨어뜨립니다. 해결 방법은 의미 단위로 끊어 읽기를 습관화하는 것입니다.

단어 하나하나에 집착 말고 맥락으로 읽어라

의미 단위란 하나의 독립된 의미를 만드는 단어나 문장의 집합을 말합니다. 단어 하나하나가 아니라 의미 단위로 읽어야 의미파악이 빠르고 잘 됩니다. 의미 단위로 글을 읽으면 글 속에 낯선 단어나 개념이 보여도 맥락에서 넘겨짚을 수 있어 읽기호흡이 길어집니다. 반면 단어를 하나하나 끊어 읽거나 두어 단어 혹은 짧은 구절 단위로 끊어 읽으면 낯선 단어나 개념을 만났을 때 읽고 싶은 의욕이 사라집니다.

"청취자가 좋아할 만한 아이디어를 뽑는 게 가장 힘든 부분이었지만 그날치 아이디어가 주어져도 첫 멘트를 쓰지 못해 한나절 끙끙대는 날도 많았습니다."

나의 졸저 『무자본으로 부의 추월차선 콘텐츠 만들기』에 실린 문장입니다. 이 글의 내용을 바로 이해하려면 내용 전체를 한 호흡에 읽어야 합니다. 이 문장을 굳이 두 개의 의미로 단위를 나누어서 끊어 읽으면 이렇게 표현할 수 있습니다.

"청취자가 좋아할 만한 아이디어를 뽑는 게 가장 힘든 부분이었습니다. 그날치 아이디어가 주어져도 첫 멘트를 쓰지 못해 한나절 끙끙대는 날도 많았습니다."

한 번에 읽고 이해할 내용을 두 번에 걸쳐 끊어 읽으면 그만큼 에너지가 더 쓰입니다. 그래도 이 정도는 양호한 편입니다. 단어 하나

하나 끊어 읽으면 의미파악이 잘 되지 않아 자주 뒤로 돌아가 다시 읽게 되고, 그런 일이 되풀이되면 글 한 편 제대로 읽기가 너무 고됩니다. 의미 단위로 끊어 읽고 외워 옮겨 쓰는 습관을 들여야 합니다. 그러면 글을 읽을 때 내용을 쉽고 빠르게 이해하게 됩니다. 이렇게, 유창하게 읽고 쓰인 대로 읽고 비판적으로 생각하며 읽는 것에서 부자들의 책읽기가 시작되는 것입니다.

요약하며
읽어라

"훌륭한 사업 아이템도 엘리베이터에서 우연히 만난 투자자에게 15초 내외로 어필할 수 없다면 투자 받을 생각을 말라!" 이는 실리콘밸리의 엄중한 규칙입니다. 이런 피칭(pitching, 투자 설명회)을 연습하도록 실리콘밸리에는 연습 전용 엘리베이터까지 생겼다고 합니다. 이름하여 엘리베이터 피치(elevator pitch). 창업가가 사업 아이디어를 한두 마디로 요약하여 설득력 있게 설명하지 못한다는 것은 어떤 사업을 하려는지 제대로 이해하지 못하고 있다는 증거이기 때문에 엘리베이터 피치는 스스로에게도 중요한 작업입니다.

같은 책을 읽어도 부자되는 사람과 책값만 날리는 사람의 차이는 내용을 이해하고 소화하여 자기 것으로 만드는가에 있습니다. 요약하기는 문해력을 기르는 연습으로 그만입니다. 글을 제대로 읽고 이해하고 해석하지 못하면 요약하기는 불가능하기 때문이지요. 요약하기는 잘 읽기와 그것의 의미와 본질을 파악하기, 그리고 문장으로 정리하여 표현하기까지를 포함하는 작업입니다. 요약하기 작업은 책을 여러 번 읽는 것이자 요약하는 과정을 통해 내용을 되짚고 되씹는 것이며, 내용의 중요도를 가려내는 것입니다. 또 요약한 내용을 문장으로 정리하여 써먹을 수 있게 보관하는 작업입니다. 그러므로 요약하기는 읽는 힘, 생각하는 힘, 문장으로 표현하는 힘을 동시에 기르는 부자머리 문해력 향상에 매우 중요한 연습방법입니다.

사실적 이해력을 높이는 요약하기 4단계

요약하기 작업은 네 단계로 이루어집니다.

주요 내용 정리하기 → 요점 찾기 → 요약문 쓰기 → 확인하기

① 주요 내용 정리하기

먼저 사실과 사례, 인용 그리고 글쓴이의 의견을 각각 분리하여 핵심내용만 솎아냅니다. 핵심내용은 항목별로 7개 내외가 좋습니다. 항목별 내용 정리는 3~5줄의 문장이면 됩니다. 그리고 각 항목들 간에 맥락이 완성되도록 연결합니다.

② 요점 찾기

정리한 내용을 토대로 핵심내용과 메시지를 추출합니다. 책이 무엇에 대한 내용인지, 그리고 그 내용을 통해 글쓴이가 전하고 싶은

메시지는 무엇인지를 정리합니다. 요점은 책을 읽지 않은 사람도 그 내용을 알 수 있어야 합니다.

읽는 사람이 궁금해하지 않게 논리성을 갖춰 요약문을 씁니다. 논리적 글쓰기 방법인 오레오(OREO) 공식을 활용하면 쉽습니다.

- Opinion(의견 내기) : 저자는 ○○○을 ○○하라고 권한다. 또는 ○○은 ○○이라고 주장한다.
- Reason(이유 대기) : 저자가 이런 권유를 하는 것은 ○○이기 때문이다. 저자가 ○○은 ○○라고 주장하는 것은 ○○이기 때문이다.
- Example(예시 들기) : 저자는 이런 예를 들어 권유에 설득력을 더한다. 저자는 이런 예를 들어 주장에 설득력을 더한다.
- Opinion(강조하기) : 이 책의 저자는 권유를 실천하도록 이런 방법을 제시한다. 이 책의 저자는 주장을 실현하기 위해 이런 방법을 제시한다.

요약문을 쓴 다음 책의 표지나 책 소개글, 서문과 비교하면 내용을 제대로 요약했는지 확인하기 쉽습니다. 전문가가 확인해 주는 방법도 좋지만 스스로 비교하며 확인하는 작업은 책을 한 번 더 읽는 것이어서 제삼자의 모니터링만큼 유용합니다.

글자 수를 제한하여 요약하는 것을 연습하면 중요한 내용과 그렇지 않은 내용을 분별하는 능력이 개발됩니다. 요약 분량이 제한될수록 핵심에 집중하고 창의적인 표현을 궁리하게 되니 읽고 생각하고 분석하고 판단하는 사고작용이 활발하게 일어납니다.

한마디로
요약하는 연습

요즘엔 세 줄 이상의 글은 길다고 합니다. 한 쪽 넘어가는 내용에 세 줄 요약이 없으면 아무도 읽지 않습니다. 그래서 꼭 읽어야 할 글이면 요약해달라 청하기 일쑤입니다. 그런데 책읽기를 돈으로 바꾸는 읽기기술을 연습하는 예비부자는 책 한 권이든 한 편의 논문이든 한 쪽의 글이든 거침없이 읽고 척척 요약해냅니다. 한번 생각해보세요. 평생 세 줄로 요약된 것만 읽는 사람과 무슨 글이든 읽고 세 줄로 요약하는 사람의 차이를. 이 두 사람의 격차는 평생 좁혀질 수 없습니다.

다음은 요약하기를 연습하여 문해력을 기르는 비결입니다. 순차적으로 끌리는 대로 연습해보세요. 요약하기 연습을 할 때 이것만은 꼭 기억해야 합니다. 요약하기는 짜깁기가 아니라는 것을요. 읽은 내용을 군데군데 솎아내 얼기설기 엮어내는 것은 표절로 간주됩니다. 표절의 위험을 피하면서 요약하기 효과를 극대화하는 방법도 있습니다. 요약문을 쓸 때 원문의 논리와 내용을 받아들여 소화한 다음 내 식으로, 내 언어로 표현해야 합니다. 원문의 문장이나 표현을 인용부호 없이 사용하는 것은 짧은 몇 구절이라도 명백히 표절입니다.

요약 연습 1. 신문기자처럼 책 1권을 100자로 요약하기

신문에서는 한 줄로 책을 소개합니다. 간추린 책 내용, 책 제목, 저자 이름, 출판사 이름에 책값까지 소개하고도 100자 남짓한 분량입니다. 신문기자처럼 100자 요약을 해보세요.

- 내용 : 무슨 책인지
- 특징 : 어떤 점이 특이한지
- 소감 : 생각이나 느낌은 어떤지

이 세 가지에 초점을 맞추면 100자 요약하기가 어렵지 않습니다. 다음은 『무자본으로 부의 추월차선 콘텐츠 만들기』라는 책을 읽은 한 독자의 100자 요약글입니다.

"회사 그만두고 먹고살 일이 걱정인 사람들에게 들려주는 무자본 지식 창업 실전 노하우를 다룬 책이다. 살면서 누구나 겪는 일을 콘텐츠로 만들어 팔며 평생 현역으로 살 수 있다는 아이디어와 저자가 경험에서 추려낸 실전방법들이 무척 신선하다."

요약 연습 2. 100자 소개글을 한마디로 요약하기

책 한 권을 100자로 요약하여 소개하기가 능숙해지면 100자를 한 마디로 응축하는 연습에 도전합니다. 모든 글은 결국엔 한 줄, 한마 디 메시지를 위해 존재합니다. 책 한 권을 한 줄, 한마디로 요약할 수 있다면 당신의 문해력은 세계적인 갑부 수준이 됩니다. 100자 소개 글을 단번에 한마디로 줄이기보다 50자로, 25자로, 10자로 이렇게 순차적으로 줄여보세요. 내용을 거듭해서 읽고 핵심을 추리고 추려 서 군더더기를 계속 줄여가는 과정이야말로 문해력을 단련하는 최고 의 방법입니다.

앞에서 언급한 『무자본으로 부의 추월차선 콘텐츠 만들기』 100자 소개글을 한마디로 요약하면 이렇게 할 수 있겠죠.

"콘텐츠사업으로 억대 연봉 버는 고수의 비법 대공개!"

요약 연습 3. 신문칼럼을 3줄로 요약하기

독해력, 문장력을 연마하면서 동시에 문해력을 키우는 요약하기. 신문칼럼은 요약 연습에 더 없이 좋은 텍스트입니다. 신문칼럼은 3~5개 단락으로 구성되어 있어 각 단락마다 핵심내용을 추려 간결한 문장으로 정리하면 요약 연습이 저절로 됩니다. 다음 순서대로 요약 해보세요.

1. 단락별 핵심내용 간추리기

2. 요약한 한 줄로 요약문 만들기

3. 말이 되는지 확인하기

요즘엔 언론사마다 인공지능기술로 기사를 자동으로 요약하는 서비스를 제공합니다. 당신이 손수 기사나 칼럼을 세 줄로 요약한 것을 신문사측이 서비스한 세 줄 요약과 비교하면 피드백 효과가 탁월합니다.

PART 5

읽은 만큼 거둬들이는 아웃풋 독서

압도적 성과를 내는 사람들은 아웃풋한다.
'인풋'만 하고 '아웃풋'을 하지 않으면 성장할 수 없다.
이것이 뇌과학의 법칙이다.

— 가바시와 시온

아웃풋이 나와야
책읽기가 완성된다

김범수 의장은 뭔가를 조금 다르게 보는 데에 부자의 기회가 있다면서 부자되려면 관점을 바꿔보라 권합니다. 관점을 바꾸면 아이디어가 바뀌고 아이디어가 바뀌면 벌어들이는 돈의 규모가 바뀌고 그러면 인생이 바뀐다고 합니다. 그리고 관점을 바꾸는 데 책읽기만한 게 없다고 역설합니다.

"독서는 굉장한 행운이다. 겨우 몇 시간으로 저자의 전문성과 지식을 얻을 수 있기 때문이다. 이런 남는 장사 없다."

그는 매일 정해진 시간, 새벽에 일어나 뉴스를 보고 책을 읽는답니다. 책에서 지식을 얻고 그날의 주요 이슈나 정보를 접하면서 생각을 정리하고 새로운 아이디어를 만들거나 중요한 결정을 내리는 데 참고한답니다. 그는 책에서 읽은 내용을 현실에 적용하는 것으로 책 읽는 데 들인 시간, 에너지, 책값을 뽑아낸답니다.

그리고 책을 다 읽으면 반드시 자신의 관점으로 정리하는 작업을 한답니다. 그가 메모로 정리하는 책읽기를 고수하는 것은 책 내용을 정리함으로써 깊은 이해에 도달하고, 그 내용을 내 것으로 만들며 그 과정에서 새로운 아이디어를 만드는 일도 가능해서라고 설명합니다. 그는 검색서비스를 제공하는 기업의 수장이지만 검색을 좋아하지는 않는답니다. 궁금한 것이 있으면 책에서 찾고 그 내용 또한 노트에 정리하며 자신의 것으로 만든답니다. 그는 얼마나 아느냐가 중요한 것이 아니라 아는 것으로 새로운 상황에 대처할 수 있어야 하기 때문에 검색이 독서를 대신할 수 없다고 확신합니다.

읽기에서 써먹기까지 부자들의 책읽기 루틴

읽어 들인 것을 아웃풋해야 비로소 책읽기 루틴이 완성됩니다. 백 날 읽어도 천 권을 읽어도 아웃풋 없이는 책을 읽었다 할 수 없습니다. 읽고 아웃풋하며 완전히 자기 것으로 만들면 일과 투자에 써먹을 수 있습니다. 책을 읽고 정리하는 과정이 책을 읽는 행위보다 더 중요할지도 모릅니다. 그래서 책읽기는 아웃풋이 99퍼센트라고 감히 말합니다. 아니, 부자되는 책읽기는 읽고 써먹어야 합니다. 아웃풋이 100퍼센트입니다.

월급 120만 원인 말단사원에서 연봉 4억 원 톱 세일즈의 신화를 쓴 자기계발 전문가 강규형 님도 그 비결은 책읽기에 있다고 증언합니다. 하지만 10만 권을 읽어도 써먹지 못하는 책읽기는 전혀 효과가 없다면서 현실에 써먹는 아웃풋 독서를 권장합니다. 책읽기에서 아웃풋이란 내용을 이해하고 알고 있던 것들과 연결하여 새로운 지식이나 아이디어로 써먹는 것을 말합니다. 읽기에서 써먹기까지가 부자의 책읽기 루틴입니다.

변화, 도약이 일어나는 아웃풋

잘 버는 사람은 잘 배우는 사람이고 잘 배우려면 책을 잘 읽어야 합니다. 문제는 그저 읽는 것으로는 배움의 효과가 발생하지 않는다는 것입니다. 머릿속에 내용물이 인풋되어 자기화, 내면화가 일어나고 마지막으로 그것을 토대로 자기만의 아웃풋을 할 때 온전한 배움의 효과가 나타나는 것입니다. 그러니 부자들처럼 책을 읽고 배우고 그것을 내 것으로 만드는 아웃풋 방법을 익혀야 합니다.

1권을 3가지로
아웃풋하기

마윈은 책읽기는 부자된 후에 더 중요하다고 강조합니다. 성공한 후에 책읽기를 게을리한다면 부를 지켜내기 힘들다고 엄포를 놓습니다. 마윈은 또한 책에서 배우거나 알게 된 것을 생활에 적용해보는 것까지, 즉 아웃풋까지가 책읽기라고 합니다. 예를 들어 협업과 팀워크에 관한 책을 읽었다면, 그 지식을 곧바로 현실에 적용할 수 있어야 책값을 뽑을 수 있다는 것이지요.

김승호 회장도 똑같은 주장을 합니다. 이것저것 배우고 강의는 많이 듣는데 남는 게 없는 것은 아웃풋이 없기 때문이라고 직언합니다.

"강의를 듣고 배우는 동안은 공부 중이라는 안도감에 만족하며 아웃풋이 없어도 괜찮다는 유예를 주고 있는 것이다."

인풋 : 아웃풋 황금비는 3 : 7

다양한 연구결과들 또한 책읽기에서 아웃풋이 얼마나 중요한지 입증하고 있습니다. 미국 콜롬비아 대학의 게이츠 교수 연구진이 100명 이상 아이들을 대상으로 연구했답니다. 인명 도감에 있는 프로필을 암송하게 했는데, 내용을 익히는 시간을 인풋으로, 기억한 것을 암송하는 시간을 아웃풋으로 하여 시간 비율을 다각도로 비교했더니 인풋과 아웃풋이 3대 7인 경우, 가장 효과가 컸다고 합니다. 효과를 보려면 인풋의 두 배가 넘게 아웃풋해야만 한다는 연구결과가 놀랍습니다.

113 매직, 1권을 1주일 내 3가지로 아웃풋하기

일본의 정신과 의사 가바시와 시온은 뇌과학적 차원에서 아웃풋을 연구한 전문가입니다. 그는 책읽기가 가치 있으려면 단순히 나열된 문자 정보를 수집하는 차원이 아니라 그 정보를 응용하고 실천해야 한다고 강조합니다. 이렇게 하면 10년이 지나도 기억하고 바로 써먹는 '결정화된 지식'을 얻을 수 있다고 주장합니다. 시온 교수는 책에서 읽은 내용을 결정화된 지식으로 만들려면 아웃풋이 필수이며 책을 읽고 7~10일 이내에 3~4회 아웃풋을 하는 것이 가장 효과적이라고 알려줍니다.

'113 매직'은 시온의 책에서 읽고 내가 직접 해보면서 효과를 검증하고, 그것을 응용하여 책쓰기, 글쓰기 교실을 통해 권하고 있는 효

113

**1권 1주일 내 3가지로
아웃풋한다**

과적인 방법입니다. 이것은 부자들처럼 문해력을 키우는 방법으로 아웃풋을 활성화하여 읽고 써먹는 진짜 책읽기 능력을 길러줍니다. '한 권 책을 일주일 내 세 가지 방식으로 아웃풋하면 부자들처럼 책 읽기를 돈으로 바꾸는 마법 같은 일이 일어난다'는 의미를 담고 있습니다. 여기서 세 가지 방식의 아웃풋이란 읽은 것을 쓰고 말하고 행하는 것입니다. 이 세 가지 아웃풋은 일정 시간 내에 실행해야 합니다. 그것은 읽는 과정에서 경험한 것을 잊어버리지 않기 위해서인데 그 제한 시간이 일주일입니다. '113 매직'은 실행 가능한 간단한 방법이자 규칙이어서 언제든, 어디서든, 어느 상황에서든 적용할 수 있습니다.

책을 읽고 이해하고 생각한 것을 언어로 나타내면 더 확실하고 명료하게 만들 수 있습니다. 인풋한 것을 말로 전하면 이해한 정도를 파악할 수 있고, 글로 쓰면 더욱 명료하고 깊이 있게 내용을 이해하게 됩니다. 여기에는 가르치는 행위도 포함됩니다.

거침없이 읽고 막힘없이 써먹는 진짜 책읽기는 아웃풋을 위주로 한 읽기라야 가능합니다. 아웃풋 읽기란 읽은 내용을 이해하고 알고 있던 것들과 연결하여 깨달음으로써, 새로운 지식이나 아이디어로 만들어 써먹는 것을 말합니다. 이 과정에서 글쓰기는 매우 중요한 역할을 하고 있습니다. 거침없이 읽고 막힘없이 써먹으려면 내용을 빠르게 이해하는 것이 급선무인데, 글로 쓰면 제대로 이해했는지 그렇지 않은지 스스로 알 수 있습니다. 글쓰기를 통해 머릿속에서 막연하던 것들이 명확하게 정리되면서 이해의 폭을 넓혀줍니다.

나만의 언어로
다시 써라

읽는 대로 부자되는 책읽기 레시피 '113 매직'은 아웃풋을 강화하는 방법입니다. 이 방법에서 핵심이 되는 행위는 '쓰기'입니다. 말하고 행동하려면 읽은 내용을 정확히 이해하고 자기 것으로 만들어야 합니다. 그러려면 쓰기라는 행위를 동원하여, 쓰면서 읽어야 합니다. 쓰면서 읽기는 책을 다 읽은 다음, 쓰기라는 행위로 읽은 것을 자기 것으로 만드는 작업을 말합니다.

먼저 읽는 동안 내용과 관련하여 떠오르는 생각들을 페이지 여백에 써둡니다. 밑줄을 그을 때는 그 근처에 밑줄 그은 이유를 씁니다. 공감이든 반박이든 덧붙이든 간에 바로 그 당시의 생각을 붙들어 매두어야 합니다. 그래야 책을 읽고 정리할 때 밑줄 그을 당시의 생각과 느낌을 고스란히 소환할 수 있습니다.

책을 다 읽고 정리하는 작업을 할 때 쓰기는 본격적으로 위력을 발휘합니다. 밑줄 친 부분 위주로 다시 읽으며 책 내용과 메모를 쓰면

서 정리하다 보면 이해의 폭이 한결 깊어지고 넓어집니다. 그런 다음
에는 말하고 행동하기가 수월해집니다. 다른 사람에게 내용을 가르
칠 수 있을 정도로 자기화가 일어납니다. 아웃풋 행위 세 가지 가운
데 쓰기가 가장 핵심인 것은 쓰기라는 행위의 특성 때문입니다. 그것
은 쓰는 동안 뇌의 관련 부위가 활성화되어 집중력이 높아지게 됨으
로써 기억에 오래 남아 나중에 사용하기도 쉽다는 것입니다.

글로 써보면 알게 되는 것들

글로 쓰면 책읽기를 통한 배움의 효과가 극대화됩니다.

글쓰기 수업의 대가이면서 '쓰면서 공부하기' 전문가인 윌리엄 진
서는 "아는 것을 글로 표현하는 것은 창에 서린 성에를 닦아내는 작
업"이라고 비유하기도 했습니다.

> "글쓰기는 자기 나름의 방식으로 이해하는 과정이다. 글쓰기를 통
> 해 우리는 무엇을 알고, 무엇을 모르는지 깨닫게 된다."

글을 쓰면 흐릿하고 모호하던 내용들이 서서히 명확하게 윤곽을
드러내기 때문에 쓰면서 공부하기는 배움의 필수요소입니다. 글쓰기
의 이런 효과를 잘 아는 워런 버핏은 어떤 회사의 주식을 사고 싶다
면 그 이유를 글로 써보라고 합니다. 머릿속으로 생각한 이유와 글로
정리한 이유가 같을 수 없기 때문에 꼭 글로 써야만 생각을 명확하게

정리할 수 있다고 그 이유를 설명합니다. 공부를 잘하는 학생들은 '자신이 무엇을 얼마나 기억하고 못 하는지 파악하는 능력'을 가졌다고 합니다. 메타인지라고 하는 능력인데요, 진짜 아느냐 모르느냐를 가르는 건 '설명할 수 있느냐'이고, 그것은 읽은 것에 대해 쓰다 보면 바로 알게 됩니다. 읽은 것에 대해 무엇을 알고 무엇을 모르는지, 또 무엇을 기억하고 무엇을 기억하지 못하는지 드러나는 것이죠.

나만의 언어로 다시 써야 하는 이유

책을 읽고 쓰고 정리하는 과정에서 주의해야 할 게 있습니다. 책 내용을 그대로 옮겨 쓰는 것은 내용을 이해하는 데 그리 도움이 되지 않습니다. 책 내용을 이해한 다음에는 자신만의 언어로 표현해야 합니다. 그래야 진정한 내 것이 됩니다. 하버드 대학교에서 심리학개론 수업을 들은 800명을 대상으로 진행한 연구도 이를 강조합니다. A 그룹의 학생들에게 핵심개념을 제시한 후 그 내용에 관해 글로 쓰도록 했습니다. 저마다 이해한 내용을 자기 나름의 표현으로 다시 쓰고 사례를 들어 내용을 더 구체적으로 쓰게 했습니다. B 그룹의 학생들에게는 핵심개념이 요약된 슬라이드를 보여주며, 그 내용과 사례들을 그대로 옮겨 쓰게 했습니다. 그런 다음 학생들에게 핵심개념을 이해했는지 평가하는 문제를 풀도록 했습니다. 그랬더니 자신만의 언어로 내용을 다시 쓴 A 그룹이 주어진 내용을 베껴 쓴 B 그룹보다 반이나 높은 등급의 성적을 받았습니다. 그리고 두 달쯤 뒤에 한 번 더

시험을 봤는데 그때도 A 그룹의 학습효과가 현저히 높았습니다. 잘 읽었다는 것과 잘 이해했다는 것은 별개입니다. 아웃풋으로 더 잘 이해하고 기억하는 작업이 중요합니다.

쓰면서 읽는
아웃풋 기술 7

쓰면서 읽는 것은 결과적으로 한 권의 책을 여러 번 읽는 것입니다. 슈퍼리치들도 애용하고 책읽기의 고수들도 따라 하는, 쓰면서 읽는 아웃풋 기술 일곱 가지를 소개합니다. 이들 기술을 전부 혹은 하나씩 해보면서 당신에게 가장 적합한 것을 찾기를 권합니다.

1. 읽은 책 이야기하기

책에 관해 이야기합니다. 상대는 자기 자신입니다. 무슨 책인지? 저자는 누구인지? 어떤 계기로 읽게 되었는지? 읽을 만한지? 도움이 되는지? 어떤 내용이 왜 도움이 되는지? 다른 사람에게 추천할 것인지? 누구에게 왜 추천하는지? 추천하지 않는다면 무엇 때문인지? 그리고 각 질문마다 답을 써봅니다. 이렇게 자문자답하다 보면 책의 내용을 전반적으로 정리하게 되고 내용도 쉽게 파악하게 됩니다.

2. 내용 떠올려보기

책을 덮고 읽은 내용을 떠올려보세요. 종이나 워드파일에 책 내용에 대해 생각나는 대로 메모합니다. 더 이상 떠오르는 게 없을 때까지 메모를 계속한 다음 의미가 통하는 내용끼리 그룹을 만들어 정리합니다. 이렇게 하면 무엇을 알고 무엇을 모르는지 얼마나 기억하고 있는지를 알 수 있으므로 써먹는 과정에서 유리합니다. 이 방법은 자신이 아는 것과 모르는 것을 명확하게 구분할 수 있어 수험생들 사이에서도 유명한 공부법입니다.

3. 내용 옮겨 쓰기

밑줄을 치거나 중요하다고 표시해놓은 부분을 옮겨 씁니다. 내용을 온전하게 내 것으로 만들 수 있고 나중에 찾아 쓰기 편하게 보관할 수 있습니다.

4. 리딩로그 작성하기

책의 서지정보(제목, 저자, 출판사, 출간 연도)와 함께 느낌을 간단하게 정리합니다. 이를 리딩로그(reading log)라 합니다.

5. 리뷰 쓰기

책을 읽고 그 책에 대해 쓰는 글이 리뷰입니다. 우선은 저자의 의도대로 잘 읽어야 하며 읽은 내용을 자신의 것으로 소화하고 생각을 정리해 쓰는 것이라 리뷰를 잘 쓰는 사람은 대체로 다른 글도 잘 씁니다. 리뷰 쓰기에서 가장 중요한 것은 책에 대한 자신의 생각에 솔직해야 한다는 것입니다. 다른 이가 어떻게 읽었든 어떤 유명인이 추천을 했든 책에 대한 자신의 느낌을 가장 우선시해야 합니다.

6. 가르치기

미국 워싱턴 대학 연구팀에서 책을 읽은 뒤 시험을 볼 것이라 말한 팀과 책을 읽은 뒤 다른 학생에게 그 내용을 가르칠 거라고 알려준 팀으로 나누어 책을 읽게 한 뒤, 둘 다 시험을 치르게 했습니다. 그 결과 가르쳐야 한다는 것을 알고 읽은 그룹의 성적이 더 우수했습니다. 가장 잘 배우는 사람은 가르치는 사람이라는 말이 있는데, 가르치는 일을 해본 사람은 누구나 그 말에 동의합니다. 책을 읽고 그 내용을 제삼자에게 가르쳐보세요. 영상 콘텐츠로 만들어 유튜브에 공개하면 가르치기라는 아웃풋을 쉽게 실천할 수 있습니다.

7. 북에세이 쓰기

책을 읽고 그 책에 대한 내용 중심으로 쓴 것이 리뷰라면, 북에세이는 읽은 책을 소재로 또는 그 책을 읽은 경험을 중심으로 쓴 글이라는 데 차이가 있습니다. 북에세이는 가장 고차원적인 아웃풋으로 한 편씩 써 모으면 책 한 권이 만들어지기도 합니다.

책값 하는
리뷰를 써라

김봉진, 박웅현, 김미경.

이 세 사람의 공통점은 무엇일까요? 유명하다. 돈을 많이 번다. 책 쓰고 강의한다. 마지막 공통점은 '책읽기로 돈도 번다!'는 것입니다. 그야말로 '부자되는 책읽기'를 실행하는 사람들입니다.

'배달의 민족'의 김봉진 대표는 책을 읽고 의도적으로 후기를 페이스북에 올렸다지요. 자신의 지적 이미지를 보완하기 위해 시도한 리뷰 쓰기가 '다독가 김봉진'으로 불리게 만들었다고 자랑합니다. 그 결과로 베스트셀러 저자가 되었으니 이미지 메이킹 확실히 한 셈입니다. 폼도 나고 돈도 더 벌고(이미 억만장자지만), 리뷰 쓰기가 가져다준 쾌거입니다.

광고인 박웅현이 '셀럽'으로 이름나게 된 것은 『책은 도끼다』라는 책을 출간하면서부터입니다. 광고인에게 아이디어는 필수인데 그 원천이 책이었다면서 자신의 눈을 밝게 해준 책들에 대한 이야기를 책으로 묶어 냈고, 그 책이 베스트셀러가 되어 유명해지고 돈도 벌었다고 하죠. 스타강사 출신의 김미경도 유튜브 채널 〈김미경TV〉의 '북토크'에서 책을 읽고, 책 속의 유용한 내용을 소개하고, 또 저자를 초대해 인터뷰하면서 책읽기를 기반으로 한 다양한 서비스를 제공하고 있답니다.

오늘부터 당신도 리뷰어가 되어보세요. 책 읽고 리뷰를 쓰는 겁니다. 읽은 책으로 리뷰를 써 공유하면 부자되는 파이프라인을 하나 더 갖게 됩니다. 김봉진처럼 박웅현처럼 김미경처럼, 책 한 권 알토란같이 읽고 리뷰를 쓰면 돈이 될지도 모릅니다.

출판사와 독자의 눈에 띄는 리뷰 쓰기 노하우를 소개합니다.

언제 쓰면 좋을까?

책을 읽고 나서 일주일 안에 쓰세요. 그래야 읽을 때의 감흥이 고스란히 살아 있으니까요. 그러면 리뷰 독자는 그 감흥을 고스란히 전달 받을 수 있어요.

어디에 쓸까?

SNS에 쓰세요. 그래야 독자와 리뷰글을 가지고 소통할 수 있고 그러는 과정에서 당신의 리뷰를 기다리는 팬이 생기기도 하니까요. 그러면 더 적극적으로 책을 읽게 되고 더 좋은 내용으로 리뷰를 쓰게 되는 선순환이 일어납니다.

얼마나 쓸까?

SNS에 쓰면 키보드 치는 손이 아플 때까지 얼마든지 많이 쓸 수 있습니다. 하지만 자제하세요. 많이 쓰다 보면 책 내용을 죄다 옮겨 쓰게 될지 모르니까요. 독자들이 읽기 좋아하는 분량은 1,500자 내외입니다. 그러니 A4 두 장 분량 이내로 쓰세요. 한눈에 보기 좋은 분량이니 그만큼만 쓰세요.

리뷰 쓰기의 목표는?

리뷰를 읽은 독자가 '나도 이 책 읽고 싶다'는 생각이 들어야 합니다. 이런 목표를 달성하는 리뷰 쓰기는 영화를 보러 가게 만드는 포스터처럼 써야 합니다. 핵심내용을 감칠나게 알려주는 내용일 때 독자는 책을 찾아 읽습니다. 소개한 책을 읽게 만들지 못하면 실패한 리뷰입니다.

리뷰 쓰기, 뭐부터 하면 될까?

리뷰 쓰기가 쉬워지는 질문을 소개합니다. 리뷰 쓰기는 이 질문들에 대한 답이기도 합니다. 책을 읽고 질문 하나하나에 답을 써보세요. 답을 연결해서 정리하면 리뷰가 탄생합니다.

① 무슨 책을 읽었나요?

콘텐츠에 대한 정보를 알려주세요.

저자와 출판사 등을 분명히 해주세요.

어떤 내용인지 소개해주세요.

② 왜 이 책을 읽었나요?

특별히 이 책을 고른 사연을 간단히 전합니다.

③ 책을 읽고 무슨 생각이 들어요? 어떤 변화가 있나요?

④ 왜 그런 생각이 들죠?

⑤ 특히 좋았던 내용은 뭔가요?

⑥ 딱 하나 바로 실천하겠다면 그게 뭔가요?

⑦ 밑줄 그으며 읽은 내용을 옮겨보세요.

그 대목이 왜 좋았는지 설명도 곁들여주세요.

⑧ 이 책을 누구에게 왜 추천하고 싶은가요?

리뷰 쓸 때 주의할 점은?

책 내용은 저자가 쓴 글입니다. 리뷰는 독자인 내가 쓴 글이고요.
두 글은 분명히 구별되어야 합니다. 그렇지 않으면 남의 생각, 남의
문장을 내 것처럼 사용하게 되어 도용(盜用)이 되기 때문입니다.

똑똑한 양떼 벗어나는
삼찰 포맷

"하나의 텍스트를 일곱 번 읽으면 공부가 저절로 된다."

'공부의 달인' 법조인이 쓴 책이 한때 큰 인기를 끌었던 적이 있습니다. 그 책이 전한 메시지입니다. 그런데 전문가들은 이 방법에 아주 회의적입니다.

"여러 번 읽어서 익숙해지면 아는 것으로 착각하게 되지만 아는 게
아니다. 유창성에 절대 속지 마라."

교육 전문가들은 유창성에 속지 않으려면 어떤 것에 대해 글로 써보라 권합니다. 그러면 아는지 모르는지 바로 알게 된다지요. 예일대 교수를 지낸 작가 윌리엄 데레저위츠는 미국 명문대를 나온 '슈퍼피플'들이 실제로는 남들이 부러워하는 길을 무작정 따라가는 '똑똑한 양떼'에 불과하다고 주장합니다. 책읽기도 쓰인 대로 받아들이기만

하면 똑똑한 양떼가 되어버리고 맙니다. 데레저위츠는 대학이 사라지는 시대에 지적 능력의 최고봉은 "다른 이의 주장을 분석하고 자기 주장을 개진하는 것"이라고 강조합니다. 아는 척하는 양떼가 아니라 제대로 읽는 부자가 되려면 이렇게 해야겠습니다.

"한 번이라도 제대로 읽고 그런 다음 내용을 분석하라. 그리고 당신의 주장을 글로 써라!"

아는 척에서 진짜 아는 것으로

북에세이 쓰기는 아웃풋의 '끝판왕'입니다. 책 한 권을 깊이 읽으면 그 과정에서 나름의 통찰이 일어나는데, 그 통찰을 들여다보고 의미를 부여하여 한 편의 글로 담아낸 것이 북에세이입니다. 어떤 책을 읽고 그 경험에 대한 생각, 느낌, 내용에 대한 이해 등을 담아낸 에세이가 많은 이의 공감을 이끌어낸다면 당신의 책읽기는 부자들처럼 돈으로 바꿀 수 있습니다.

SNS에서 흔히 보는, 책을 소개하는 콘텐츠는 에세이가 아닙니다. 책 소개글을 그대로 복제한 글, 책의 중요한 대목을 잘라내 짜깁기한 글, 그리고 책에 관련된 모든 정보를 나열해 소개하는 글도 에세이가 아닙니다. 그런 유의 콘텐츠는 책읽기의 기록일 뿐입니다. 책을 읽은 독자로서의 생각, 느낌, 통찰을 담지 못한 글이니까요. 북에세이는 내용을 정리하거나 소감을 밝히는 정도가 아니라 책을 읽고 그에 대한 나의 의견, 감정, 아이디어, 솔루션, 제안 등을 쓰는 것입니다.

무라카미 하루키처럼 쓰기

소설가 무라카미 하루키가 "나는 여행기를 이렇게 쓴다"며 경험과 노하우를 공개한 적이 있습니다. 그는 어디에 갔었고, 이런 것이 있었고, 이런 일들을 했다는 재미와 신기함을 나열하듯 죽 늘어놓기만 해서는 독자들이 좀처럼 읽어주지 않는다고 말합니다.

> "그것이 어떻게 일상으로부터 떨어져 있으면서도 동시에 어느 정도 일상에 인접해 있는가, 하는 것을 복합적으로 밝혀나가야 한다고 생각한다. 정말 신선한 감동은 그런 지점에서 생겨날 것이라고 생각한다."

그가 여행기 쓰는 과정을 들여다보면 북에세이 쓰기와 똑같습니다. 무라카미 하루키가 신선한 감동을 주는 여행기를 쓰듯 책에 대한 새로움을 선물하는 북에세이 쓰는 방법을 소개합니다. 삼찰 포맷을 따라 하면 수월합니다. 삼찰 포맷이란 책을 읽는 자신을 관찰하고, 관찰한 내용을 들여다보고, 그 결과 끌어낸 통찰에 대해 쓰는 것을 말합니다.

관찰하기

책을 읽으며 감정, 생각, 의문, 반문 등을 관찰하고 메모합니다.

성찰하기

책을 읽고 나서, 읽는 과정에서 생겨난 생각과 느낌들에 집중하는 시간을 갖습니다. 그리고 그것들은 어디서 비롯된 것인지, 무엇이 궁금한지, 무엇이 미흡한지, 또 무엇을 이야기하고 싶은 것인지 하나하나 파헤쳐봅니다.

통찰하기

관찰과 성찰의 결과로 어떤 새로운 생각이나 통찰을 얻게 되었는지 정리합니다.

삼찰 포맷으로 정리한 내용 그대로를 에세이 양식에 옮겨 담으면 북에세이가 탄생합니다. 에세이 양식이란 하나의 주제를 서론-본론-결론의 구조로 조리 있게 서술한 산문을 말합니다.

지식의 서랍을
활용하는 법

김범수 의장처럼 책을 읽고 정리하는 습관은 내용을 잊지 않고 보관하기 위함도 있지만, 궁극적으로는 그것을 적절하게 써먹을 수 있게 하려는 것입니다. 읽은 내용을 차곡차곡 쟁이면 아웃풋해야 할 순간에 매우 요긴하게 써먹을 수 있으니까요. 머릿속 서랍은 기억에 한계가 있으니 워드파일이나 인터넷으로 서비스되는 어플리케이션을 활용하여 당신만의 지식의 서랍을 만들어보세요.

지식의 서랍에서 일어나는 퇴비화

읽은 내용을 정리하는 서랍은 가급적 한 곳으로 제한하는 게 좋습니다. 관심사별로 주제를 정해 자료를 모으다 보면 뜻하지 않은 일들이 일어납니다. 자료를 옮겨 쓰는 과정에서 '이 내용이 왜 좋았을까?'를 생각하기도 하고, '이 내용을 내가 하는 일에 적용하려면 어떻게 하면 될까?'를 궁리하기도 합니다. 이렇게 남의 생각을 내 것으로 만드는 자기화 과정이 저절로 따라붙습니다. 또 전에 정리해둔 비슷한 내용의 자료를 찾아보면서 이해를 넓혀가기도 합니다. 신기한 것은 자료를 모아놓은 서랍 안에서 자료들 간 뜻밖의 연결고리를 발견하는 것입니다. 개별적인 내용이 하나의 파일 안에서 서로에게 필요한 것으로 바뀌기도 합니다. 이런 작용을 퇴비화 과정이라 하는데 부자들 특유의 돈이 되는 기발한 아이디어는 퇴비화를 거친 자료들이 만들어줍니다.

하나하나의 자료들이 퇴비화라는 독특한 과정을 거치게 하려면 자료를 정리 정돈하여 보관하는 작업이 필요합니다. 수집한 정보를 뜯어보고 다듬고 분류하고 편집하는 과정을 통해 내용에 대한 이해를 돕고 활용 가능하게 보관하는 작업이지요.

① 자료는 한 번에 하나씩 정리하세요

자료는 개별적으로 정리합니다. 내용을 통째로 보관하기보다 하나씩 세분화하여 정리하면 내용을 더욱 명확하게 이해합니다. 자료를 옮겨 쓸 때는 문장부호까지도 고스란히 옮겨 써야 합니다. 그래야 나중에 다시 살펴볼 때 착오가 없습니다.

② T&D 포맷으로 정리하세요

개별적으로 나눈 자료는 T&D 포맷으로 정리하세요. T&D 포맷은 구글이나 네이버의 검색 결과 페이지처럼 내용을 제목(title)과 설명

(description) 구조로 만드는 것입니다. 자료마다 대표단어 하나 골라 제목을 만들고 설명글을 쓰세요. 그러면 자료더미를 식별하기 좋고 검색하여 꺼내 쓰기 편합니다.

③ 완전한 문장으로 정리하세요

키워드 중심으로 요약하거나 각종 부호를 동원하여 약식으로 정리하면 보기엔 그럴듯해도 머리에 잘 들어오지 않고 기억도 잘 되지 않습니다. 나중에 찾아볼 때 내용이 분명하지 않아 잘못 사용할 수도 있습니다. 내용을 간략하게 정리하되 주어, 술어 등 문장성분을 제대로 갖춘 완성된 문장으로 정리하세요.

④ 손으로 쓰거나 일일이 타이핑하세요

손으로 쓰거나 일일이 타이핑하면 내용을 더 잘 기억하게 되어 나중에 써먹기에 요긴합니다. 해당 내용을 복사하여 붙이거나 사진으로 캡쳐하거나 관련 내용이 실린 웹페이지를 링크하여 저장하면 어떤 내용을 보관했는지 전혀 기억나지 않습니다.

⑤ 저작권에 유의하세요

책에서 정리한 내용은 그 책을 쓴 저자의 것입니다. 단 한 줄이라도 그 사람의 것이니 자료를 정리할 때는 저자와 출처를 꼭 표시하는 습관을 들이세요.

내용을 옮겨 쓸 때 문장이나 단락을 쓰인 그대로가 아니라 나만의 언어로 옮겨보세요. 원래 내용에서 키워드만 가져와 내용을 재구성하고 내 식대로 표현하면 이해력이 높아지고 생각이 깊어지는 효과가 있습니다.

다음은 『무자본으로 부의 추월차선 콘텐츠 만들기』내용을 예로 든 것입니다.

> 콘텐츠가 밥 먹여주는 시대. 밥을 먹게 해주는 콘텐츠가 고객이 찾는 유용한 콘텐츠입니다. 아는 사람들끼리 모여 일상을 공유하기도 하고 회사와 사업을 판촉하고 홍보하고 일기에서처럼 속내를 털어놓기도 하는 소셜 채널의 일반적이고 일상적인 콘텐츠는 딱 그런 용도로는 의미가 있습니다. 그러나 콘텐츠사업에는 적합하지 않습니다. 콘텐츠사업은 콘텐츠를 팔아 돈을 법니다. 고객이 팬이 되어 자발적으로 구매하게 만드는 콘텐츠는 상품으로서 가치가 있어야 합니다. 돈을 내고 살 만하게 만들어야 합니다. 나는 사업에 적합한 콘텐츠를 캐시콘텐츠라 하고, 그것에 적합지 않은 콘텐츠는 정크콘텐츠라 부릅니다.

다음과 같이 T&D 포맷으로 요약합니다.

> **사업용 콘텐츠의 조건**
>
> 콘텐츠사업에 적합한 콘텐츠는 고객이 팬이 되어 자발적으로 구매하게 만드는 상품으로서 가치가 있어야 한다. 돈을 내고 살 만한, 사업에 적합한 콘텐츠가 캐시콘텐츠다. 그것에 적합지 않은 콘텐츠는 정크콘텐츠다.

내 언어로 정리하면 다음과 같습니다.

> **사업용 콘텐츠의 조건**
>
> 사업용 콘텐츠는 상품성이 관건이다. 고객이 돈을 주고 살 만한 캐시콘텐츠라야 한다. 소셜 미디어에서 주고받는 정크콘텐츠는 사업용으로 적합하지 않다.

알리바이는
흔적일 뿐 증거는 아니다

책 『서울대에서는 누가 A⁺를 받는가』에는 시험문제 답안으로 자기가 생각한 것을 썼다가 참혹한 성적을 받은 K 학생의 이야기가 나옵니다. 뭔가를 창의적으로 생각한다는 것은 비판적으로 사고해야 가능한 일이죠. 참혹한 성적으로 기가 눌린 K 학생은 비판적으로 생각하는 것을 포기하고 '교수가 말한 대로 똑같은 문장을 만들어 쓴 답안'으로 A 학점을 받습니다. 이렇게 공부한 K 학생이 사회에 진출하여 어떻게 일을 할지는 짐작하기 어렵지 않습니다.

이 책의 저자는 이런 식의 배움을 집어넣기만 하는 주입식 교육이라 말합니다. 그리고 이끌어내는 교육으로 바꾸지 않으면 미래는 없다고 단언합니다. 책쓰기, 글쓰기 수업을 하면서 내가 목격한 것도 이와 다르지 않습니다. 많은 이들이 노트나 메모지에 코를 박고 필기합니다. 그러면서 스마트폰으로 녹음합니다. 내용 하나라도 놓치면 큰일 치를 듯 말입니다.

내가 출판기획자로 작업한 첫 책이 인문 스토리텔러로 유명한 조승연의 『공부기술』입니다. 처음 원고를 받아 읽던 중 시선을 사로잡은 구절이 있었는데, 바로 "수업시간 필기는 시간 낭비다. 그것은 자기만족일 뿐이다"였습니다. 당시 스물두 살이던 조승연은 자신이 배운 '트랜스퍼런스'라는 개념에 대해 이렇게 주장했습니다.

"정신분석학에서 중요하게 여기는 트랜스퍼런스(transference, 전이)라는 용어가 있다. 무의식적인 충동이나 관념을 실제 대상과는 전혀 다른 대치물에 방출하는 현상을 말하는데, 강연이든 수업이든 독서든 새로운 것을 접하는 과정에서 필기나 자료 정리에 몰두하는 것도 같은 현상으로 이해할 수 있다."

일본 공부계 전설로 『7번 읽기 공부법』의 저자인 야마구치 마유도 "수업시간 필기는 선생님에게 잘 보이기 위한 행동에 불과하다"고 말합니다.

중독증상 : 읽은 척, 읽은 줄

책을 읽기 전에 나는 연필과 포스트잇과 메모지부터 챙깁니다. 책을 읽는 동안 분출하는 생각과 아이디어를 잡아놓기에 책 페이지 여백으로는 모자라기 때문입니다. 내용이 너무 좋거나 꼭 기억하고 싶은 것은 연필로 밑줄을 긋고 별표를 하고 페이지 끝을 접기도 합니다. 포스트잇은 읽은 책을 정리하는 과정에서 밑줄 친 곳을 놓치고 지날까봐 한 번 더 못박아두는 것입니다. 나는 이런 행위를 '책읽기 알리바이'라 부릅니다. 책읽기에서 알리바이는 책을 읽는 과정에 생기는 흔적일 뿐 책을 읽었다는 증거는 아닙니다.

학습 전문가인 워싱턴 대학교 심리학과 마크 맥대니얼 교수는 공부할 때 책을 읽으며 밑줄 긋고 형광펜으로 칠하는 식으로 알리바이를 만들어 내는 것은 공부효과가 전혀 없다고 단언합니다. 이런 흔적들로 인하여 이미 알고 있다고 착각하고 대충 훑고 지나가게 하기 때문에 내용을 이해하는 데 전혀 도움을 주지 못하고, 되레 위험하다고 경고합니다. 이런 식의 공부로는 내가 모르는 것이 무엇인지 깨닫지 못하므로, 즉 이해가 되지 않는 부분이나 분야에 대해 더 잘 알아야겠다는 자기반성이 불가능하기 때문에 만회할 기회도 의욕도 없이 힘만 드는 공부를 반복할 뿐이라고 합니다.

흔적을 남기는 책읽기도 마찬가지로 위험합니다. 갖은 방법으로 흔적을 남기면 읽은 척, 읽은 줄 착각하기 때문입니다. 그럼 책을 읽었다는 증거가 되지 못하는 위험한 알리바이, 가짜 책읽기에 대해 알아볼까요.

- 밑줄 긋기 : 책에 밑줄을 긋게 되면 나중에 책을 펼쳤을 때 밑줄 그은 구절에만 사로잡혀 그 앞뒤 문장들은 제대로 보지 못합니다. 밑줄이나 정리는 다 나중 일, 우선은 읽기에만 집중해야 합니다.

- **발췌하기** : 책을 읽을 때는 특정 부분 자체가 아니라 그 내용으로 인해 내가 어떤 것을 생각했고 느꼈는가를 포착하는 것이 중요합니다. 단순히 발췌하여 옮겨 쓰기는 이런 작용과 무관합니다.
- **책읽기 챌린지** : 1일 1권 읽기! 책읽기 도전하는 인증샷 남기기! 이런 이벤트는 말 그대로 도전한 인증이지 책을 읽은 증거는 아닙니다. 응원의 댓글을 품 앗이하며 읽기를 독려하지만 남는 것은 흔적뿐입니다.

따라 쓰기의
진짜 기술

5피트 책꽂이(five-foot shelf). 이것은 하버드 대학이 학생들에게 읽기를 권하는 책의 목록을 말합니다. 원래 이름은 '하버드 클래식(The Harvard Classics)'으로 이 목록에서 첫 번째로 추천한 것이 『프랭클린 자서전』입니다. 미국 건국의 아버지라 불리는 벤저민 프랭클린. 그는 학교 근처에도 가지 못했습니다. 대신 인쇄공으로 일하며 인쇄소에서 나오는 인쇄물을 읽는 것으로 학교공부를 대신했지요. 그가 시도한 혼자 공부하기의 핵심은 읽기였습니다. 뜻을 새겨가며 자세히 읽는 정독(精讀)이 그의 공부법이었지요. 그리고 '잘 쓰인 글을 따라 쓰기' 하는 방식을 택했습니다.

그가 몰두한 따라 쓰기는 글쓰기로 먹고사는 사람들이 글쓰기를 연습할 때 예외 없이 시도하는 방법입니다. 글을 잘 쓰려면 잘 읽어야 하고 글을 잘 읽는 연습으로 따라 쓰기만한 게 없으니까요. 따라 쓰기는 쓰기라는 행동을 동원하여 읽게 함으로써 내용을 주의 깊게,

정교하게 읽는 습관을 들이게 해줍니다. 따라 쓰기는 '쓰기'가 아니라 내용을 정교하게 읽는 행위로, 읽기능력을 기르는 최고의 방법입니다. 따라 쓰기로 읽으면 문장 한 줄은 물론 문장부호 하나까지 놓치지 않고 섬세하게 읽게 됩니다.

멘토 텍스트를 따라 쓰라

글쓰기 코치로 전국을 누비며 강의와 수업을 해온 나는 자타칭 따라 쓰기 전도사입니다. 어느 곳에서 어떤 이들을 대상으로 어떤 주제로 강의하든, 결론은 이렇습니다.

"글을 잘 쓰려면 잘 읽는 것이 우선이니 따라 쓰기로 읽기를 연습하라. 그러면 글을 잘 쓰게 된다."

그런데 나는 요즘 필사적으로 필사(筆寫, 따라 쓰기)를 말리고 있습니다. 따라 쓰기를 따라 하는 사람이 급증하면서 따라 쓰기에 대해 잘못 이해하는 사람이 많아졌기 때문입니다. 가장 많이 발견되는 잘못은 '아무 글'이나 옮겨 쓴다는 것입니다. 따라 쓰기로 읽기 연습을 할 때 핵심은 잘 쓴 글을 고르는 것입니다. 잘 쓰인 글을 고르는 것은 따라 쓰기 연습의 전부나 다름없습니다.

멘토 텍스트는 논리정연하게 내용을 전개하고 바른 문장으로 표현된 것을 말합니다. 이런 조건을 충족하는 것으로 교과서와 신문칼럼이 가장 좋습니다. 교과서와 신문칼럼 제작사는 제작과정에서 최고의 전문가 집단이 참여하여 내용과 표현, 표기를 바로잡고 감수하고 검수합니다. 프랭클린의 읽기 중심의 독학이 성공할 수 있었던 것도 당시 상류층이 보던 신문을 따라 쓰기한 것이 주효했기 때문입니다. 멘토 텍스트의 핵심조건은 편집이라는 전문작업을 거쳤는가입니다. 전문적인 편집과정을 거쳐 독자에게 전달된 글은 따라 쓰기하며 읽기 연습하는 데 그만입니다.

모든 글은 주관적이고 이기적으로 쓰입니다. 필자의 입장을 대변하기 때문이지요. 그런 이유로 출판사들은 필자의 주관적이고 이기적인 내용을 객관적으로 전달하기 위해 점검하고 편집합니다. 편집진의 이런 전문적인 작업을 거치지 않았거나 소홀한 채로 세상에 나온 책은 최소한의 신뢰를 보장하기 어려운 만큼 따라 쓰기에 적합하지 않습니다.

PART 6

월급쟁이 부자되는 책읽기 프로젝트

인생은 하수도와 같다.
거기서 무엇이 나오는가는 무엇을 넣는가에 달려 있다.

— 톰 레러

MBTI 타입으로 보는
책읽기 유형

당신은 MBTI 어느 유형인가요? 성격에서 공부, 재테크는 물론 연애와 인간관계에 이르기까지 삶의 모든 국면을 MBTI 유형별로 가늠하곤 하지요. 재미삼아 혹은 진지하게. 그렇다면 MBTI별 책읽기 가이드도 가능하지 않을까요? 먼저, 당신의 책읽기는 어떤 유형인지 점검합니다. 각 항목에 해당되는 것이 있으면 **V표** 하세요.

나의 책읽기 유형 점검하기

유형 A

책을 읽지 않는다.	
1년에 0~2권 읽는다.	
책을 첫 부분만 읽는다.	
끝까지 읽는 경우가 많지 않다.	
읽다 말다 되풀이한다.	

유형 B

책 읽는 현장을 SNS에 중개한다.	
책을 펼치면 사진 찍어 SNS에 올린다.	
유명 도서관에 가면 사진 찍어 올린다.	
혼자 책 읽으면 외로우니 모임에 간다.	
오며가며 짬짬이 읽는다.	

유형 C

책 읽고 내용을 SNS에 소개한다.	
밑줄 그으며 읽고 SNS에 옮겨 쓴다.	
책 여백에 메모하며 읽는다.	
1일 1권 프로젝트를 한다.	
100권 읽기 모임에 참여한다.	

유형 D

오디오북을 좋아한다.	
유튜브 등 영상으로 만든 내용을 본다.	
카드뉴스처럼 이미지로 된 요약을 즐긴다.	
책 요약본을 찾아 읽는다.	
리뷰를 읽으면 책 한 권 다 읽은 것 같다.	

유형 E

어려운 내용이 나오면 건너뛴다.	
재미난 부분만 골라 읽는다.	
모르는 단어가 많아 스마트폰으로 찾아가며 읽는다.	
책 내용을 설명하기 어렵다.	
키워드만 골라 읽는다.	

유형 F

책 읽는 동안 앞의 내용을 까먹는다.	
책장을 덮으면 내용은 캄캄, 제목만 기억난다.	
안 읽은 책인 줄 알고 두 번 산 책이 있다.	
많이 읽는데 흡족한 결과는 없다.	
읽는 중에 무슨 책 읽느냐는 질문을 받으면 머뭇거린다.	

책읽기 유형 결과 보기

V표가 몇 개인지 쓰세요.

유형 A		유형 D	
유형 B		유형 E	
유형 C		유형 F	

262

각 유형의 특징은 다음과 같습니다.

유형 A : 안 읽거나

유형 B : 읽은 척하거나

유형 C : 읽은 줄 알거나

유형 D : 요령껏 읽거나

유형 E : 대충 읽거나

유형 F : 잘 읽지 못하거나

이 테스트에서 얻은 V표의 숫자는 가짜 책읽기 지수입니다. V표가 많을수록 당신의 책읽기는 부자되기와는 거리가 먼 가짜 책읽기입니다. 책읽기에 들인 관심과 시간과 돈을 소비할 뿐입니다. 취미로 읽는다면 상관없습니다. 하지만 부자되겠다는 목표를 세운 책읽기라면 그에 합당한 방법이 필요합니다.

투자하는 책읽기,
소비하는 책읽기

내비게이션을 켰지만 먹통, 도로표지판만 보고 신도시 근처를 운전한 일이 있습니다. 신도시 근처라 새로운 도로가 막 개통된 즈음이었고, 업데이트하지 않은 내비게이션이 내 차가 있는 현 위치를 파악하지 못해 일어난 해프닝입니다. 내비게이션 모니터에서 내 차는 공중을 부유하는 것처럼 보였습니다. 좀 겁도 났습니다. 이렇듯 아무리 성능 좋은 내비게이션도 차량의 현 위치를 모르면 쓸모가 없습니다.

부자되는 책읽기라는 목표를 달성하는 데도 당신의 현 위치는 매우 중요합니다. 부자들처럼 책을 읽고 싶다면, 책읽기를 돈으로 바꾸고 싶다면, 그 목표를 달성하기 위해 당신의 책읽기가 어떤지 제대로 파악해야 합니다. 그래야 목적지까지 안전하고 빠르게 다다를 수 있습니다.

이번에는 당신의 책읽기를 차분하게 살펴보세요. 하나하나 체크하거나 답을 쓰다 보면 당신의 책읽기 현주소를 확인할 수 있습니다.

1. 책 읽을 때 나는

책을 읽고 나면 머리에 남는 게 없다.	
읽고 나서 파일에 차곡차곡 정리한다.	
책읽기 경험을 SNS에 공유한다.	
책읽기 모임에 정기적으로 참여한다.	
1일 1책 등 책읽기 챌린지에 참여한다.	
책을 읽고 리뷰글을 쓴다.	
리뷰글을 쓰고 출판사의 연락을 받은 적 있다.	
나름 정리하지만 즉시 까먹는다.	
읽은 책 내용을 정리하여 SNS에 올린다.	
책을 소개하는 유튜브 채널을 운영한다.	
다 읽고 나면 사람들에게 책을 권한다.	
펜으로 밑줄 치며 공들여 읽는다.	
책 추천글을 SNS에 올린다.	
리뷰로 원고료 받아본 적 있다.	
출판사 리뷰단 멤버다.	

2. 책을 한번 잡으면

끝까지 읽는다.	
어려우면 그만 읽는다.	
15분 이상 읽는다.	
30분가량 읽는다.	
1시간가량 읽는다.	
일주일 이내 읽는다.	

3. 주로 읽은 책 내용은

자기계발	
재테크	
경제경영	
인문고전	
에세이	
소설	
문학	
자서전	
위인전	

4. 책 선정방법은

유명인 추천	
지인 추천	
인터넷 서점 책 소개글	
대형서점 진열	
책모임 선정도서	
베스트셀러 순위	
SNS나 유튜버 추천도서	
저자 소개글	

5. 책읽기 기준은

그때그때	
주제를 정해서	
베스트셀러 위주	
광고 보고	

6. 책 읽는 이유는

즐거움	
취미	
지식 축적	
자기계발	
모자란 공부	

7. 한 달에 몇 권이나 읽는가

4권가량	
1권 이하	
10권 내외	
2~3권	

8. 책을 읽는 시간은

출근 전	
퇴근 후 자기 전	
일과 중 짬짬이	
출퇴근하면서	
쉬는 날 몰아서	

268

9. 책을 읽는 곳은

대중교통 이용 중	
집(서재, 식탁, 화장실)	
회사	
카페	
기타	

10. 책은

사서 읽는다.	
빌려 읽는다.	

11. 셀프 모니터링 소감은?

책읽기도 연습과
훈련이 필수다

"매일 책을 읽기로 했다. 그리고 10년이 지났다. 나는 베스트셀러 작가가 되었고, 더 이상 노후나 미래에 대한 돈 걱정은 하지 않게 되었다."

『나는 매일 책을 읽기로 했다』의 저자 김범준은 책읽기로 40대의 불안과 절망을 극복했답니다. 직장생활에 대한 불안, 커가는 아이들의 교육과 가족 부양에 대한 걱정, 고시 실패 이후 계속 내리막길을 걷는 것 같은 절망감…. 그래서 그는 책읽기 방법을 바꾸었답니다. 책읽기를 취미에서 생활로, 시간 때우기용이 아닌 성장을 위한 도구로. 그 결과 원하는 모습으로 자신을 바꿀 수 있었고 그의 인생 또한 원하던 방향으로 반전됐답니다.

그의 성공담을 들으면 "하던 대로 하면서 다른 결과를 바라는 것은 미친 짓"이라고 한 아인슈타인의 말이 생각납니다. 부자들처럼 읽지 않으면서 부자들처럼 책읽기 결과를 바란다면 그 또한 미친 짓일 겁니다. 앞에서 점검해본 것처럼 지금까지 당신의 책읽기가 취미로, 알리바이로 짬짬이 읽는 틈새형이었다면 이제는 부자들처럼 읽는 지독한 책읽기로 바뀌어야 합니다. 그래야 부자들처럼 읽는 대로 돈이 되는 진짜 책읽기가 가능합니다. 지독한 책읽기는 부자들처럼 눈물겹게 마련한 시간 동안 의식적으로, 의도적으로, 주도적으로 읽는 것을 말합니다.

책읽기 스타일과 효과는 상관없다

참 많은 공부법이 퍼져 있습니다. 시각적으로 공부해라, 토론하며 해라, 혼자 해라, 혼자 하지 마라…. 책읽기에 관해서도 온갖 방법들이 난무합니다. 하나같이 이렇게 선동합니다. "이 방법이면 쉽고 빠르고 편하게 많이 읽을 수 있다."

전문가들의 연구결과를 종합해보면 특정 공부법이 좋고 싫고를 떠나 그런 궁합은 의미도 없고 효과도 없다고 합니다. 미국 인디애나 의과대의 밸러리 올로클린 교수는 학습자가 자기와 잘 맞는다고 생각한 방식으로 공부하건 아니건 실제 학업성적에는 큰 차이가 없다면서, 공부 스타일이 어떤 것이라 믿는 것과 실제로 그 방식이 효과적인가의 여부는 별개라고 합니다. 뇌과학에 기반을 둔 최신 학습과학연구는 배움의 과정에서 특정 방식만 고수하는 것보다 다양한 방식을 시도하는 편이 기억력과 학습효과를 향상시켜준다고 합니다.

책읽기를 통한 부자되기 공부도 이와 다를 게 없습니다. 쉽고 빠르고 편하게 많이 읽어봤자 자기위안에 그칠 뿐입니다. 부자되기와는 상관없습니다.

부자되는 책읽기에는 연습과 훈련이 필요하다

이제, 앞에서 점검한 MBTI별 책읽기 가이드에 대한 결론을 내야 할 때입니다. 정답은 이렇습니다. MBTI별 책읽기? 그런 것은 없습니다. 파트 3에서 낱낱이 파헤친 부자의 책읽기 비밀을 떠올려보세요. 부자들은 지독하게 읽습니다. 부자들처럼 책읽기를 돈으로 바꾸려면 그들처럼 지독하게 읽어야 합니다. 부자되는 책읽기라는 목표에 맞게 상당한 시간 동안 연습하고 훈련해야 합니다.

"흥민이는 하늘에서 뚝 떨어지거나 갑자기 만들어진 선수가 아니다. 우리는 1만 시간의 법칙을 믿고 지켰다."

2019년 영국 〈BBC〉에서 역대 최고의 아시아 선수로 선정된, 몸값 1천억 원대의 손흥민 선수를 만든 아버지 손웅정 님의 말입니다. 부자되는 책읽기도 어느 날 갑자기 가능할 리 없습니다. 흉내와 흔적 남기기로 점철된 1만 시간이 아니라 의미 있는 프로그램으로 연습하고 훈련하는 1만 시간이라야 합니다.

272

이 파트에서는 부자머리 문해력을 키우는 나만의 프로젝트를 제안합니다. 그것으로 거침없이 읽고 막힘없이 써먹는 아웃풋 중심의 책읽기 기술을 당신 것으로 만들 수 있습니다.

부자처럼,
도둑처럼 읽어라

그는 새벽 세 시면 꼭 깬답니다. 서재로 가서 책을 꺼내 읽는다지요. 문득 눈에 띄는 책을 꺼내 펼쳐보면 눈에 딱 띄는 구절이 있더랍니다. 그럴 때는 입에서 '악' 소리가 난다고 합니다.

"내가 그 시간에 일어나서 그 책을 꺼내지 않았더라면 죽을 때까지 이 사실을 모를 뻔한 것 아닌가. 잠을 잤더라면 영원히 몰랐을 어떤 지식이 내 생각에 큰 변화를 준다. 내가 살아서 책을 읽어, 그 페이지를 읽었기 때문에 과거·현재·미래의 무수한 생각의 한 길이 열린 것이다. 쿨쿨 잤더라면 적어도 이 책과 만나지는 못했을 것이다."

암으로 투병 중에도 새벽 세 시면 일어나 책을 읽었다는 이어령 박사의 말입니다. 그의 '책'에는 항상 그가 아니고는 접할 수 없는 이어령식의 독특한 사유가 넘쳐나지요. 나야말로 새벽부터 그 '책' 읽다가 평소 듣고 싶었던 구절을 발견하고는 "악!" 하고 탄성을 터트렸답니다. 그 '책'을 만나지 않았으면 사지 않았으면, 펼치지 않았으면, 영원히 모르고 지나갔을 내용이었으니 말입니다.

책을 읽지 않았으면 모르고 지나갔을 내용을 만나게 되고, 책을 통해 저자를 알지 못했더라면 내 생각의 키가 고만고만한 수준에 머물렀을 것을 생각하면…. 그때부터 이상한 증상에 시달리게 됐답니다. 골라놓은 몇 권의 책만 보면 두근거리는 겁니다. 저 안에는 또 어떤 보물 같은 내용이 있을까? 빨리 읽어야지 하는데, 오늘 시간을 낼 수 없을까? 마치 도둑처럼 말입니다.

부자들처럼 책을 읽는다는 것은 이렇게 흥미진진하게 공부하는 것입니다. 하지만 하루아침에 삶이 바뀌지는 않지요. 책을 읽는 사람은 많지만 책읽기로 부자된 사람이 적은 이유는 '부자되는 책읽기'가 저절로 되는 일이 아니기 때문입니다. 부자되는 책읽기는 당신이 책을 읽는 사람으로 바뀌어야 가능한 일입니다. '책 읽고 부자되기, 오늘부터'라고 SNS에 외친다고 되는 일일까요? 준비와 계획이 필요합니다.

부자의 사전에 어설픈 책읽기는 없다

BJ 포그 박사는 스탠퍼드 대학에서 행동경제를 연구했습니다. 20여 년 동안 '인생을 극적으로 변화시킨 사람들의 공통점'을 추적했는데, 그들은 열정, 의지 같은 것에 집착하지 않고 변화를 부르는 지극히 작고 사소한 행동을 반복했다고 합니다. 작심삼일(作心三日)을 연구하는 전문가들도 말합니다. 변화를 이루고 싶다면, 목표를 달성하고 싶다면 그와 관련된 모든 것을 예측하고 통제한다는 환상을 버리는 것이 우선이라고. 거창한 계획, 의지로는 작심삼일만 되풀이할 뿐이니 실행 가능한—작지만 확실한 행동계획을 세워 한 번에 하나씩 하라고 말입니다. 의도한 행동을 최소한의 단위로 작게 쪼개 일상 속에 자연스럽게 끼워넣은 다음 그것을 꾸준히 해나가는 습관을 들이는 것입니다.

이런 습관 들이려면 프로젝트로 만들어 실행해야 합니다. 프로젝트화한다는 것은 목표를 분명히 하고 해야 할 일을 과제로 만들어 수행하는 것을 말합니다. 우리의 일상은 바쁘고 힘겨운데, 지독한 책읽기를 슬그머니 끼워넣는 것으로는 충분하지 않으니까요. 프로젝트화함으로써 지독한 책읽기를 일상의 우선순위로 둘 수 있고, 그 결과 의도한 성과를 낼 수 있습니다.

월·부·책 프로젝트
1년 프로그램

　'월급쟁이 부자되는 책읽기 프로젝트'의 목표는 책읽기 시늉만 내는, 흔적만 남기는 가짜 책읽기를 진짜 책읽기로 바꾸어 마침내 책읽기를 돈으로 만드는 것입니다. 이를 위해 일주일에 1권 읽기라는 세부목표를 설정합니다. 1년이면 50권의 책을 읽게 되지요. 물론 더 많이 읽으면 좋겠지만 우리의 일상이 빠듯하게 돌아가는 터라 일주일에 1권 목표만으로도 충분합니다. 비판적 사고와 문해력을 키우는 데 요구되는 책읽기 기술까지 동원하여 읽어야 하니까요. 문해력이 갖춰지지 않은 상태에서의 지독한 책읽기는 오래 지속하기 힘듭니다.

'월급쟁이 부자되는 책읽기 프로젝트'는 1년 단위

　1년 동안 매주 1권씩 50권의 책을 읽습니다. 첫 1년은 문해력 키우기에 집중합니다.

매일 1시간씩 목표량을 읽는다

목표는 1시간. 상황에 따라 40분, 90분… 조정합니다. 매일 같은 시간에 읽는 습관을 들입니다.

113 매직을 실천한다

매주 한 권의 책을 주의 깊게 읽고, 일주일 안에 쓰고 말하고 행동하여 책 내용을 내 것으로 만듭니다. 주 5일 일하는 월급쟁이라면 평일엔 매일 1시간씩 5시간의 규칙을 준수하고, 주말 2일은 세 가지 방법으로 행하는 식으로 구분하면 지속적으로 할 수 있습니다.

부자처럼 지독하게 읽기, 리드플랜

1892년, 석유재벌 존 록펠러가 설립한 시카고 대학은 '운 좋은 정자클럽' 회원인 부유층 자녀들이 기부금을 내고 가는 삼류 대학이었습니다. 그런데 지금 이 대학은 하버드, 콜롬비아 대학에 이어 노벨상 수상자 배출 대학 3위를 자랑합니다. 이토록 대단한 변화의 원천은 '시카고 플랜'입니다. '시카고 플랜'은 로버트 허친스 법대 교수가 1929년 시카고 대학 총장으로 취임하며 운영한 프로그램으로 학생들에게 고전 100권을 읽히는 것입니다.

지금 시카고 대학은 고전을 읽고 담당 교수에게 평가를 받고 통과해야 졸업할 수 있습니다. 기부금을 내고 입학한 부유층 자녀들이 졸업하기 위해서는 억지로라도 고전을 읽어야 했는데, 그러는 사이 자신들도 깜짝 놀랄 변화를 경험했다지요. 고전 몇 권을 읽었을 뿐인데 생각과 말문이 트인 겁니다. 그리고 한 번 트인 생각과 말문은 점점 더 유연해지면서 공부가 재밌다고 여기게 된 것입니다. 그 결과가 노벨상 수상자 91명 배출이라는 성적표입니다.

'월급쟁이 부자되는 책읽기 프로젝트'도 이러한 놀라운 변화를 기대하며 다음과 같은 프로젝트 가이드라인을 제공하고자 합니다. 이 프로젝트가 성공하려면 다음 네 가지 요소를 모두 충족하는 책읽기를 해야 합니다. 그 요소들은 부자머리를 만드는 데 필요한 조건입니다.

월·부·책 프로젝트 필수요소

Routine 습관적으로 읽기
최소한의 노력으로 영원히 지속하는 일상화

Effective 효율적으로 읽기
수월하게 읽고 이해하고 써먹는 읽기능력 습득

Authentic 진정성 있게 읽기
가짜 책읽기에서 진짜 책읽기로 전향

Directionality 목표지향적 읽기
나만의 적정부자 목표에 맞춤한 책읽기

이 네 가지 기준의 첫 글자를 연결하면 READ, 즉 '읽다'라는 영어 동사가 완성됩니다. 리드(READ)플랜은 부자되는 책읽기가 요구하는 문해력을 키우는 방법이자 '부자되는 책읽기 프로젝트' 성공률을 높이는 실천 의지입니다. 이제 리드플랜의 구체적인 기술을 하나하나 소개합니다.

혼자
읽어라

세계 최고의 인터넷 서점 아마존이 소셜리딩서비스 '굿리즈 (Goodreads)'를 인수했습니다. 굿리즈는 사용자들끼리 구독한 책에 대한 의견을 공유하고 이야기 나누는 플랫폼입니다. 유료든 무료든 온라인으로든 오프라인으로든 이러한 독서모임이나 캠페인에 참여 하는 사람이 참 많습니다. 코로나19 팬데믹이 부른 유행이기도 하지 요. 아침마다 읽은 책의 분량과 밑줄 친 페이지 사진을 찍어올리며 '출첵'하는 '미라클 모닝' 챌린지도 인기입니다. 책을 읽지 않고도 책 이야기를 할 수 있는 모임이라며 홍보하는 프로그램도 있습니다. 그런데… 책 읽고 부자되기가 가능한지 궁금합니다. 이런 프로그램 들은 대부분 책읽기 자체보다 책읽기 경험에 집중하는 책읽기 이벤 트입니다. 책읽기에 대한 흥미를 일깨우고 동기를 부여하는 것이 목 표입니다.

그런데 혹 슈퍼리치들이 모여서 책 읽고 소감 나누는 그런 모임이 있다는 거 들어봤나요? 아마도 들어본 적 없을 겁니다. 그들은 이런 모임에 참여하지 않습니다. 시간적 여유가 없기도 하지만 그들에게 중요한 것은 책읽기 경험이 아니라 읽고 써먹는 실질적인 효과입니다. 부자들은 책을 읽고 생각하고 그것을 자기화하는 과정이 책읽기의 핵심이며, 이는 혼자 해야 가능한 일임을 너무도 잘 압니다.

"진주를 만드는 것은 다른 조개들과 함께하는 진주 만들기 세미나가 아니라 그 조개의 껍질 속으로 파고 들어가는 작디작은 모래 알갱이다."

미국의 소설가 스티븐 킹의 글입니다. 그렇습니다. 차이는 혼자서 만들어 내는 힘입니다. 책에 대해 이야기하고, 저자의 생각을 공유하는 다양한 이벤트에 참여했더라도 반드시 자기화하는 과정을 거쳐야 합니다. 이런 일은 혼자서 해야 합니다.

부자들은 몰래 읽는다

10킬로그램을 빼겠다, 책 읽으려고 이렇게 사 모았다, 책 쓰려고 책상을 새로 샀다, 다가오는 마라톤에 나갈 거다, 새벽에 일어나 뭐하고 뭐 할 것이다…. 이렇게 SNS에 공언하는 사람이 참 많습니다. 그러면 지인들이 몰려와 '좋아요'와 '하트'를 품앗이합니다. 칭찬과 격려의 댓글도 풍년 들지요. 기분이 좋습니다. 그러면 결과도 좋을까요? 그렇게 공언한 사람치고 만족할 만한 결과나 성과를 낸 사람은 드뭅니다. 왜 그럴까요?

뉴욕 대학의 피터 골비처 교수는 목표를 다른 사람에게 말하면 '성급한 성취감'을 느끼게 되어 해야 할 일을 하지 않게 되기 때문이라고 지적합니다. 목표를 이야기하는 행위가 그것을 성취하는 데 필요한 행동과 비슷한 상징으로 여겨지기 때문이라지요. 네, 책은 혼자 읽으세요. 부자들처럼 혼자 읽으세요. 부자들은 책읽기를 인증하지 않습니다. 무슨 책을 읽었는지 시시콜콜 포스팅하느라 그때그때 인증샷 날리느라 돈 같은 에너지와 시간을 낭비하지 마세요. 그럴 시간 있으면 한 줄이라도 더 읽으세요.

주도적으로
읽어라

제프리 콜빈은 위대한 성취를 이룬 사람들은 어떻게 재능을 단련하는지를 연구했는데, 그가 찾아낸 모범답안은 이렇습니다.

"위대해지는 데는 의도적인 훈련만이 필요하다."

어떤 분야에서든 탁월한 성과를 내는 의도적인 훈련이란 수행을 개선하기 위한 명백한 목적을 가지고 하는 활동을 말합니다. 가령 골프 선수가 단순히 공만 쳐서는 결과가 개선되지 않는데 그 이유는 의도적인 훈련이 아니기 때문이랍니다. 의도적인 훈련이란 공을 치되 끊임없이 결과를 분석하고 필요한 조절을 해가는 것, 이런 식으로 매일 몇 시간씩 계속 연습하는 것이라고 합니다.

슈퍼리치들처럼 책 읽고 부자되는 지독한 책읽기 능력을 가지려면 의도적으로 훈련해야 합니다. 의도적인 훈련은 주도적으로 수행해야만 의미 있는 차이를 만들어낼 수 있습니다.

우선권을 부여하고 사수하라

의도적 책읽기는 부자되는 책읽기 능력을 개발하고 부자들처럼 책을 읽겠다는 목표와 방향성을 명확히 하는 것으로 시작합니다. 방향성을 갖고 의도적, 의식적으로 프로젝트를 수행하여 의미 있는 결과를 만들어 내려면 책읽기를 이벤트가 아니라 일상화하는 것이 중요합니다. 책 읽는 시간을 정해 일정에 넣고 그 시간 동안 무엇을 어떻게 하겠다는 세부적인 행동계획을 만들어 그대로 실행하고 또 실행 여부를 점검해야 합니다. 책읽기를 일정에 넣지 않으면 긴급한 일, 그동안 해온 바쁜 일에 떠밀려 뒷전이 되기 쉽습니다. 하지만 다른 일정과 함께 자신의 일정표에 미리 기록해두면 책읽기는 빠뜨리지 않고 수행해야 할 미션이 됩니다. 의도적으로 책을 읽는다는 것은 책 읽고 부자되는 시간에 우선권을 부여하고 사수하는 것을 말합니다.

자발적으로 읽어라

SNS에 자랑하려면 폼 나는 책을 읽어야 합니다. 폼 나는 책은 텔레비전이나 유튜브, 인터넷에서 셀럽이나 전문가들이 골라줍니다. 그들이 "이런 책 읽으세요" 하면 그 책들을 읽어야 합니다. 베스트셀러 순위에 오른 책을 읽고 필독서를 약처럼 억지로 읽습니다. 그렇게 해서는 부자되는 책읽기, 불가능합니다. 흥도 나지 않고 고역으로, 결코 오래 할 수 없습니다. 남이 주도하는 대로 끌려다니기만 하니까요. 당신의 책읽기는 당신이 주도하세요. 자발적으로 골라 읽으세요.

세계적인 읽기 전도사 스티븐 크라센 교수는 "FVR하라" 권합니다. FVR이란 Free Voluntary Reading(자율독서), 즉 자발적이고 자유로운 책읽기를 말하는 것으로, 크라센 교수가 잘 읽고 싶은 이들에게 전하는 유일한 미션입니다. 크라센 교수는 잘 읽지 못하고 읽기 싫어하고 힘겨워하는 사람들에게는 과제도서, 추천도서, 베스트셀러가 아니라 읽고 싶은 책을 읽을 때 읽기 효과가 가장 크다고 전합니다.

멘토북을
읽어라

빌 게이츠의 재산은 1시간에 100억 원씩 는다고 합니다. 그가 1시간 책을 읽으면 100억 원어치의 책읽기입니다. 이런 그가 1시간 동안 어떤 책을 읽으려 할까요? 아무 책이나 읽기에 그의 1시간은 너무 비싸지 않나요? 당신의 책읽기는 얼마짜리인가요? 당신의 시급을 계산해볼까요? 당신이 주 40시간을 일하며 연 5천만 원을 번다면, 월 160시간, 연간 1,900시간 정도를 일하는 셈이니 당신의 시급은 2만6천원 정도 됩니다. 당신이 1시간 동안 책을 읽으면 2만6천 원의 기회비용이 든다는 얘기죠. 당신은 어떤 책을 읽어야 할까요?

당신은 주로 어떤 책을 읽나요? 지금까지는 모르겠지만, 부자의 길로 이끄는 책읽기를 목표로 삼는다면 이제는 책을 부자들처럼 제대로 읽어야 합니다. 크라센 교수가 권유한 대로 읽고 싶은 책을 읽으며 책 읽는 능력을 만들고 습관을 들여서, 그것으로 당신을 부자로 만들어줄 책을 읽어야 합니다. 나는 그런 책을 멘토북이라 부릅니다.

멘토로 삼을 만한 사람이 쓰고, 멘토링할 만한 내용을 담고 있는 책이 멘토북입니다. 부자들이 읽는 책이야말로 멘토북이겠지요. 읽지 않으면 안 되는 책들을 골라 읽을 테니까요. 하지만 월급쟁이가 부자들이 그동안 읽어온 책을 다 읽으려면, 하루 24시간 1년 내내 읽어도 턱도 없을 겁니다. 부자들은 지금도 책을 읽고 있으니까요. 내일 출간될 책도 읽고 있을 거예요.

중요한 책을 먼저 읽어라

멘토북을 리스트업하는 데 생산성 전문가 스티븐 코비의 조언은 큰 도움이 됩니다. 『성공한 사람들의 7가지 습관』에서 그는 탁월한 사람은 에너지와 시간을 독서, 외국어 학습, 운동 같은 급하지는 않지만 유용한 일에 쓰는 반면 평범한 사람은 전화, 회의 등 당장 급하지도 않고 중요하지도 않은 일에 쓴다고 구분합니다. 책읽기도 마찬가지입니다. 탁월한 부자들은 에너지와 시간과 돈을 유용하고 중요한 책을 사서 읽는 데 쓰지만, 평범한 사람들은 읽어도 그만 안 읽어도 그만인 책에 쓰거든요. 또 스티븐 코비는 성공한 사람들은 "중요한 것 먼저"라는 전제 아래 중요한가 아닌가, 긴급한가 아닌가를 기준으로 일을 처리하기 때문에 시간관리에 문제가 없다고 조언합니다. 그는 시간을 네 가지로 구분하여 사용하는 4분법에 대해서도 알려줍니다. 그럼 '월급쟁이 부자되는 책읽기 프로젝트'를 위한 멘토북 고르기 4분법에 대해 알아볼까요.

중요한 것 먼저 읽어라

먼저 중요성과 긴급성을 기준으로 네 개의 그룹으로 구분합니다.

구분	긴급함	긴급하지 않음
중요함	A 긴급하게 읽어야 할 중요한 책	B 중요하지만 긴급하게 읽지 않아도 되는 책
중요하지 않음	C 긴급하게 읽어야 하지만 중요하지는 않은 책	D 긴급하지도 중요하지도 않지만 읽어볼 만한 책

A 분면 : 긴급하게 읽어야 할 중요한 책

인생이 온통 문제투성이여서 발등에 떨어진 문제를 해결하는 데 시간을 우선 사용하듯 부자되는 책읽기에서도 시간을 우선 투자하여 읽을 책들이 있습니다. 당장 해결하지 않으면 안 되는 문제들과 관련된 책, 먹고사는 데 필요한 솔루션을 제공하는 책들.

B 분면 : 중요하지만 긴급하게 읽지 않아도 되는 책

삶의 철학과 가치관을 세우고 지식의 토대를 닦게 하는 인문교양서. 삶의 기술을 배우고 커리어를 계발하고 원활한 인간관계를 위해 조언해 주는 책. 문학, 역사, 철학, 심리, 종교, 자연과학, 경제경영, 예술 등 인문교양 관련 책들.

C 분면 : 긴급하게 읽어야 하지만 중요하지는 않은 책

시대 흐름과 경제적 변화를 읽어낼 수 있는 베스트셀러, 뜨거운 이슈를 담은 신간들. 부자되는 데 관련한 책들, 코앞에 닥친 문제를 해결할 수 있는 조언을 담은 책들.

D 분면 : 긴급하지도 중요하지도 않지만 읽어볼 만한 책

흥미에 이끌려 보는 처세, 자기계발서. 단기적인 자신감이나 열정을 북돋우는 책들.

대부분 A 분면의 긴급하고 중요한 책들을 읽는 데 시간과 에너지를 우선 쏟아야 한다고 생각합니다. 그런데 부자들이 가장 많은 시간을 우선 투자하는 것은 B 분면으로 인문교양서들입니다. 부자 책읽기와 일반 책읽기를 구분하는 기준은 B 분면의 책을 읽느냐 아니냐로 갈라진다고 해도 과언이 아닙니다. A 분면의 책을 빨리 잘 읽어내기 위해서라도 B 분면의 책을 읽어 머릿속에 촘촘하게 지식의 그물을 짜놓아야만 합니다. 긴급하지만 중요하지는 않은 책들은 눈앞의 문제를 해결해주지만, 중요하지만 긴급하지 않은 책들은 당신의 인생을 부자의 것으로 바꿔줍니다. 이제 당신이 읽어야 할 책들을 골라보세요.

긴급하게 읽어야 할 중요한 책	중요하지만 긴급하게 읽지 않아도 되는 책
긴급하게 읽어야 하지만 중요하지는 않은 책	긴급하지도 중요하지도 않지만 읽어볼 만한 책

무슨 책이든
50쪽은 읽어라

쉽고 빠르고 편한 것만 추구하기에도 시간이 모자라는 시대에 부자들처럼 책 한 권 진득하게 읽는 일은 참으로 큰 모험입니다. 그러다 보니 초반에 반짝 읽다가 흐지부지 책을 덮어버리는 사람이 참 많습니다. 자동차를 좋아하는 사람들은 차를 새로 사면 자동차 페달을 끝까지 밟아 최고 마력을 발휘하도록 차를 길들이곤 합니다. 우리도 부자되는 책읽기를 시도하며 책마다 거뜬히 완독하는 숙련된 독서가가 되면 어떨까요? 그래서 읽을 때마다 최고 성능을 자랑하도록 우리의 메모리를 최적화시키면 어떨까요?

매일 50쪽은 읽어라

그 바쁜 빌 게이츠도 일주일에 책 한 권은 읽는다고 했습니다. 일주일에 책 한 권 읽으려면 하루 50쪽 읽으면 됩니다. 매일 50쪽, 주 5일이면 250쪽입니다. 대부분 책들의 평균 분량이지요. 요즘 책들은 크기도 작고 글밥도 적어 하루 50쪽 읽기가 수월합니다. 성인이 평균 1분에 300자 읽으니 5분이면 1,500자를 읽을 수 있습니다. 평균 10만 자에 달하는 단행본 한 권 읽는 데 5~6시간쯤 소요되니 일주일에 한 권 읽기가 가능하다는 결론입니다.

영국의 독서가이자 작가인 앤디 밀러도 하루 50쪽 읽기를 권합니다. 하루 50쪽은 그리 엄청난 분량도 아니고 단번에 정신을 고양시켜주지도 못하지만, 매일 50쪽이라는 규칙이 있으니 책 읽을 시간을 지켜낼 수 있다고 말합니다. 하루 50쪽 읽기는 루틴으로 정착시키기에 더없이 적당한 분량이라는 게 그의 주장입니다. 『책욕심*Book Lust*』의 저자이자 사서인 낸시 펄은 어떤 책이든 50쪽은 읽으라고 권합니다. 그리고 50쪽을 읽은 다음 계속 읽고 싶은 마음이 들지 않으면 "그만 읽으라"고 합니다. 끝까지 읽으려 강박, 압박, 스트레스에 시달리기보다 50쪽 읽어보고 판단하라는 것이지요.

나이-50쪽의 규칙

낸시 펄은 나이에 따라 최소한의 분량을 정하는 재밌는 기준도 제안합니다. 세상에는 읽을 책이 많은 반면 나이 들수록 책 읽을 시간이 줄어드니 특별한 의미가 있거나 재밌거나 유익하지 않은 책을 잡고 끙끙대는 것은 바람직하지 않다는 것입니다. 예를 들어 당신이 50세 미만이라면 50쪽을 읽고 계속 읽을까 그만 읽을까를 결정하고, 50세 이상이면 100에서 나이를 빼서 나오는 숫자만큼 의무적으로 읽으라고 합니다. 가령 당신이 40세라면 100-40=60, 60쪽 또는 50쪽을 읽고, 66세이면 100-66=34, 34쪽을 읽고서 계속 읽을까 말까를 결정하라는 것입니다. 낸시 펄의 조언처럼 일단 첫 50쪽을 읽으면 웬만하면 계속 읽게 됩니다. 50쪽은 시작하기에 충분한 분량이거든요.

나는 책의 종류에 따라 처음부터 끝까지 읽기도 하고 어떤 책은 휘리릭 넘기며 보기도 하고, 재밌겠다 싶은 곳을 먼저 읽다가 처음으로 돌아가 읽는 등 다양한 방법으로 읽습니다. 흥미 있는 부분부터 읽어도 나중에는 50쪽이 됩니다. 계속 읽게 되는 것이지요.

매혹적인
목표를 가져라

고속도로에 진입하여 주행차선을 내처 달리면 슬슬 졸음이 찾아
오는 것처럼 멘토북을 골라 읽는 단계가 지속되면 슬금슬금 지루해
집니다. 휴게소가 아직 멀었다면 졸음운전을 막기 위해 의식을 깨워
야 합니다. 차선을 바꿔 추월차선을 달려볼까요? 부자되는 책읽기에
서 추월차선은 매혹적인 목표로 포장되어 있습니다. 지루함, 싫증,
졸음까지 떨쳐버리고 속도감 있게 달릴 수 있는 차선입니다.

주제 정해 읽기

주제를 정해 읽으면 더 많은 책을 더 빨리, 더 잘 읽게 됩니다. 특정
주제를 다룬 책을 몰아 읽으니 주제에 대한 그물망이 빨리 촘촘히 짜
여져서 읽을수록 이해가 깊고 넓어져 책읽기가 재밌어집니다. 주제를
정해 읽을 때는 대략의 주제, 즉 큰 범주보다는 세부적이고 전문적인
내용으로 주제를 잡는 것이 좋습니다. 예를 들면 '일의 변천사' 같은

범주형 주제보다 '코로나19 팬데믹 이후 프리랜서 전성기가 올까?' 처럼 실질적이고 세분화된 주제를 설정합니다. 그래야 실감하면서 재밌게 읽을 수 있습니다.

한 주제로 100권 읽기

켈리 최는 "부자되려면 어떤 분야든 100권을 읽어 내용을 훤히 꿸 수 있어야 한다"고 강조합니다. 그도 처음부터 책읽기에 능숙한 것은 아니었다고 하지요. 100권 읽기를 강행했더니 책 읽는 뇌가 만들어 졌고 이제는 어떤 책에서도 사업 관련 힌트와 인사이트를 얻을 정도 라고 합니다.

주제의 산에 오르기

주제를 정하면 관련된 책을 섭렵하게 됩니다. 나는 이것을 '주제의 산에 오르기'라고 합니다. 주제를 다룬 나무를 샅샅이 훑으며 산의 정상에 오르면 전문가 수준에 도달하게 됩니다. 그러면 주제와 관련 한 것은 물론 다른 분야도 볼 수 있게 됩니다.

켈리 최는 100권 읽기보다 어려운 것이 읽을 책을 고르는 것이며 책읽기는 책을 고르는 것부터라고 강조합니다. 어떤 책을 골라 읽느 냐가 책읽기의 질을 좌우한다는 말입니다. 켈리 최는 직접 경험한 사 람이 쓴 책을 고르라 권합니다. 가령 쇼핑몰에 대해 궁금하다면 쇼핑 몰 성공자가 쓴 책을 집중적으로 읽어야 하는 것이지요.

세부 주제 전문가 되기

켈리 최는 한 분야의 책을 100권 읽는다면 그 분야의 학위를 딴 것과 같다며 100권 읽되, 최대한 몰입해서 읽어야 한다고 강조합니다. 100권을 읽으면 저자 100명의 마인드와 노하우를 자신의 것으로 만들 수 있고, 목표를 달성할 확률도 높아진다고 합니다. 그 과정에서 특별한 의미를 전하는 책은 서너 번 더 읽어 그 내용을 완전히 내 것으로 만들라고 권합니다.

공략할 만한 세부 주제를 정하고 켈리 최의 조언대로 100권의 책을 읽으면 더 많이 알고 더 깊게 공부하게 되어 다른 사람들을 가르칠 수 있는 단계에도 이르게 됩니다. 세부 주제 전문가가 되는 거지요. SNS에서 영향력을 미치는 인플루언서들이 바로 세부 주제 전문가들이랍니다.

책 먹는 여우 되기

책읽기를 위한 매혹적인 목표 가운데 압권은 책을 쓰는 것입니다. 책 먹는 여우처럼요. '책 먹는 여우'는 책에 대한 사랑이 지나쳐서 마침내 그 책을 먹게 되는 그림책의 주인공입니다. 책이 좋아 책을 읽었을 뿐인데, 책도 쓰고 유명인사가 되어 인터뷰도 하고 강연도 하는, 어쨌든 부자되는 책읽기의 '끝판왕'이죠. 책 먹는 여우처럼 책읽기의 끝에 뭐가 있을지 도전해보는 것도 좋겠습니다.

나만의 주제를
발견하는 법

슈퍼리치를 연구하는 전문가로 미국에 톰 콜리가 있다면 일본에는 혼다 켄이 있습니다. 그는 일본의 부자를 대상으로 '백만장자 마인드'를 탐색했습니다. 대상은 연봉 3억 원 이상의 수입을 올리거나 자산 규모가 10억 원 이상인 사람들이었지요. 세부적인 설문조사를 한 다음 20명은 혼다 켄이 직접 만나 인터뷰했습니다. 그 자료를 바탕으로 혼다 켄은 백만장자가 되는 공통된 비결을 발견하고 이를 소개하는 작업을 했는데요, 그의 부자의 정의는 매우 흥미롭습니다.

"좋아하는 일을 하며, 자신을 믿고 지지해 주는 사람들과 살고 싶은 곳에서 풍요로움을 느끼며 사는 것이 성공한 부자의 모습이다."

워런 버핏에게 투자는 돈을 벌기 위한 수단이 아니라 좋아하는 일 그 자체입니다.

"당신이 좋아하는 일을 하라. 돈이 아니라 당신이 좋아하고, 사랑할 수 있는 일을 하라. 그러면 돈은 저절로 들어온다."

'부자되는 책읽기' 여정에서 좋아하는 주제를 정해 책을 읽는 것은 '부의 추월차선'에 들어선 것이나 다름없습니다. 그런데 "좋아하는 일을 하라"는 MZ세대가 싫어하는 조언이라면서요? 그것을 몰라서가 아니라 좋아하는 일이 뭔지 찾기가 어렵다고요.

좋아하는 것을 발견하는 책읽기

좋아하는 일이나 주제를 찾기 힘들다면 하고 싶은 일과 관련된 책부터 읽어보세요. 책을 읽으며 경험을 가불하고 그러는 자신의 반응을 살피세요. 어떤 직업군에 대해 쓴 책들은 최상의 경우를 이야기하는 것이 대부분인데, 그런 미화된 내용을 읽고도 흥분되거나 설레지 않는다면 그 주제가 좋아질 리 없습니다. 나는 대학 4학년 여름방학 때 우연히 카피라이터의 세계를 다룬 책을 읽게 되었습니다. 그 책을 읽는 동안 가슴이 벌렁거려 자주 숨을 몰아쉬어야 했습니다. 저자가 말하는 카피라이터의 일이 너무도 매혹적이어서요. 결국 그해 10월, 나는 카피라이터의 터전인 충무로에 입성하게 되었습니다. 그 책을 만난 지 석 달 만의 일입니다. 이후로도 책 한 권 읽고서 이직하고, 또 책 한 권에 홀려 월급쟁이를 그만둘 정도로 강렬한 책읽기 체험을 이어가고 있습니다.

인생의 주제를 발견하는 법

당신이 좋아하는 것이 무엇인지 정말 모르겠다고요? 여기 비결을 알려드리죠. 당신이 돈을 쓴 흔적을 살피세요. 카드청구서와 영수증을 살피세요. 그리고 일정표를 살펴보세요. 직장생활을 포함한 생업 외에 무엇에 돈과 시간을 많이 쓰는지가 당신이 좋아하는 것을 말해줍니다. 누구나 관심이 있는 곳에 시간을 들이기 마련이고 시간을 들이는 곳에 돈이 들게 마련이죠. 그런 의미에서 일정표와 영수증은 당신이 좋아하는 것을 찾아내는 손전등입니다.

영수증 + 일정표

마지막으로 당신의 책장을 살피세요. 당신이 가장 많이 사 모은 책들은 주로 어떤 주제를 다루고 있나요? 그 주제가 당신의 강점이고 좋아하는 일일 확률이 매우 높습니다. 어쩌면 하고 싶은 일일 수도 있고요. 서점에 가더라도 어느 분야에 맨 먼저 가는지 그리고 오래 머무는지 살펴보세요. 공공도서관에 자주 간다면 대출목록을 살펴보세요. 돈 주고 사는 책들은 아니지만 빌려 보면서 시간과 에너지를 투입한 것들이니 어떤 내용인지 탐색해보세요. 그런 과정에서 당신이 어떤 일을 좋아하는지, 그리고 어떤 주제의 책을 읽으면 되는지 그 단서들을 발견하리라 믿습니다.

영수증 + 일정표 + 책장

　나의 일정표는 책을 읽거나, 쓰거나, 쓰게 하거나, 권하는 일들로 차 있고 내 신용카드는 서점에서 아주 많이 긁힙니다. 그러니 책을 읽고 쓰고 권하는 책사로 살고 있겠죠. 책읽기 주제를 발견하는 힌트가 하나 더 있습니다. 입버릇입니다. 어떤 것을 자주 말한다는 것은 그것을 자주 생각한다는 것입니다. 그리고 사람은 생각하는 대로 움직이기 마련이니 당신이 평소 자주 입에 올리는 것이 어떤 것인지 살펴보세요. 자, 이제 좋아하는 일을 발견하는 책읽기 공식을 정리해볼까요?

영수증 + 일정표 + 책장 + 입버릇

　인생의 주제를 발견하고 그 주제를 더 발전시키기 위해 책을 읽는다면, 책읽기에 들인 돈과 시간과 에너지로 수익을 올릴 수 있습니다. 월급쟁이 부자되는 책읽기 최고의 단계지요.

책읽기가 재밌어지는
부킷리스트 만들기

책읽기에 더욱 가열차게 매진하도록 돕는 매혹적인 목표를 위해 할 일이 있습니다. 그 목표에 합당한 책을 골라 읽는 부킷리스트를 만들어보세요. 부킷리스트란 죽기 전에 꼭 해야 할 일이나 하고 싶은 일들에 대한 리스트를 뜻하는 버킷리스트(bucket list)에 부자되기 위해 꼭 읽어야 할 책 리스트라는 뜻을 더해 생긴 말입니다.

부킷리스트를 만들면 특정한 목표에 꼭 맞는 책들을 빠짐없이 중복 없이 챙겨 읽을 수 있습니다. 부킷리스트는 아이디어를 다양하게 발상하는 데 도움이 되는 만다라트 사고기법에서 착안한 것으로, 핵심이 되는 아이디어를 정하고 그 아이디어를 실행함에 있어 반드시 필요한 하위 아이디어를 체계적으로 만들어 내는 방식입니다. 이 방식이 마치 불교의 만다라처럼 생겼다고 하여 만다라트라 부른답니다. 만다라트 차트를 활용하여 부킷리스트를 만들어보세요.

실행 도서1	실행 도서2	실행 도서3						
실행 도서4	달성 목표1	실행 도서5		달성 목표2			달성 목표3	
실행 도서6	실행 도서7	실행 도서8		↑		↗		
			달성 목표1	달성 목표2	달성 목표3			
	달성 목표4	←	달성 목표4	핵심 목표	달성 목표5	→	달성 목표5	
			달성 목표6	달성 목표7	달성 목표8			
		↙		↓		↘		
	달성 목표6			달성 목표7			달성 목표8	

1. 3×3칸을 만듭니다. 모두 9개의 칸이 만들어집니다.

2. 맨 중앙 칸에 핵심목표를 써넣습니다.

3. 핵심목표 주변 8개 칸에 달성목표를 써넣습니다.

4. 달성목표를 중심으로 다시 3×3칸을 만듭니다.

5. 달성목표마다 주변의 8개 칸에 1~8까지 실행도서를 써넣습니다.

6. 마침내 64개의 실행도서 목록표가 만들어집니다.

7. 일주일에 1권씩 읽습니다.

예를 들어볼까요? 콘텐츠사업에 관한 책을 쓰기 위해 읽어야 할 책 리스트를 정리해봤는데요, 다음 이야기에서 확인할 수 있답니다.

핵심목표 : 콘텐츠사업 창업 책쓰기

핵심목표를 위한 달성목표에 여덟 가지 카테고리를 포함시켰습니다.

- 조기퇴직시대/왜 콘텐츠사업?/퇴사·퇴직 후 창업/잘하는 일 찾기/콘텐츠 마케팅/SNS 마케팅/콘텐츠 글쓰기 /100세시대 살기

	조기퇴직 시대		왜 콘텐츠 사업?			퇴사·퇴직 후 창업
		↖	↑		↗	
		조기퇴직 시대	왜 콘텐츠 사업?	퇴사·퇴직 후 창업		
	잘하는 일 찾기	←	잘하는 일 찾기	콘텐츠 사업 창업	콘텐츠 마케팅	→	콘텐츠 마케팅
			SNS 마케팅	콘텐츠 글쓰기	100세 시대 살기		
		↙	↓		↘	
	SNS 마케팅		콘텐츠 글쓰기			100세시대 살기

이것을 만다라트에 넣으면 왼쪽 표와 같습니다.

그런 다음 세부항목인 '콘텐츠 글쓰기'에 8권의 책을 골라 넣으면 이런 모습입니다.

워런 버핏 글쓰기	하버드 글쓰기	웹라이팅
카피 라이팅	콘텐츠 글쓰기	콘텐츠 만들기
정보공학	홈페이지 제작	UX 라이팅

이렇게 차곡차곡 칸을 채우면 당신의 목표대로 성취하게 도와줄 64권의 책이 리스트업됩니다. 이 리스트대로 읽고 책을 썼냐고요? 물론입니다. 그것은 『무자본으로 부의 추월차선 콘텐츠 만들기』라는 제목으로 2021년 출간되었습니다.

글로 설명하니 복잡하고 어렵게 느껴질 수 있습니다. 직접 만다라트 파일을 활용해보면 훨씬 쉽고 재미있습니다. 리스트업한 책을 읽고 싶은 마음에 조바심이 날 겁니다. 만다라트 차트로 만든 부킷리스트가 골밀도 탄탄한 척추처럼 당신의 부자되기 계획을 단단하게 만들어줄 것이란 기대감도 선물합니다.

부자되는 책읽기
골든타임의 규칙

찰리 멍거는 젊은 시절, 하버드 로스쿨을 거쳐 변호사로 일했습니다. 아직 워런 버핏을 만나기 전이니 투자세계에 발을 들여놓기 이전이겠지요. 상담료로 시간당 20달러를 받았는데, 당시로는 꽤 괜찮은 수준의 잘나가는 변호사였습니다. 그러던 어느 날, 그는 문득 궁금해졌답니다. '누가 나에게 가장 소중한 고객일까?' 그가 찾아낸 고객은 자기 자신이었고, 그 결론에 이르자 자신에게도 하루 한 시간을 팔기로 했답니다. 이른 아침 한 시간! 그것은 팔리지 않은 시간이 아니라 하루 중 가장 소중한 시간으로 자신에게 팔고 남은 시간을 고객에게 팔기로 한 것입니다.

"모든 사람이 자기 자신의 고객이 되어야 한다. 다른 사람을 위해 시간을 팔아 일하는 만큼 자신을 위한 시간도 팔아야 한다."

그렇게 구매한 하루 중 가장 비싼 시간에 그가 한 일은 책읽기. 매일 한 시간씩, 수년 간 수천 권의 책을 읽고 나자 서로 다른 분야의 지식이 어떻게 상호작용하는지 이해하게 되었답니다. 매일 책읽기로 도전한 공부 덕분에 90대인 지금, 그는 50세 때보다 훨씬 더 멋진 투자자가 되었다고 말합니다. 그리고 이렇게 덧붙입니다.

"전자기기와 멀티태스킹으로 점철된 이 세대를 보라. 나는 그들이 독서에만 열중한 버핏보다 더 성공하지 못할 거라고 자신 있게 예견한다. 지혜를 원한다면 엉덩이를 붙이고 앉아라."

매일 같은 시간

책 읽는 시간 60분을 습관 들이려면 매일 같은 시간에 읽어야 합니다. 어느 날은 되고 어느 날은 안 되고, 이런 식은 뇌가 또는 몸이 받아들이기 힘들어 합니다. 매일 가능한 그 시간은 방해받지 않아야 합니다. 곧 다른 일을 해야 하거나 자리를 뜨게 될 경우 마음이 이미 '다음'을 향해 있어 몰입이 어렵습니다. 또 수시로 방해받는 환경도 집중하기 어렵습니다. 책 읽고 부자되는 시간 60분은 오로지 책읽기에만 몰두해야 합니다.

짬짬이 ➡ 뭉텅이 시간

컴퓨터 프로그래머이자 투자가인 폴 그레이엄은 무슨 일을 하건 최고의 성과를 내려면 일의 종류에 따라 시간을 관리하고 조직하는 법을 달리해야 한다고 합니다. 그에 따르면 특정 과제를 탁월하게 수행하는 사람들은 시간을 뭉텅이로 내 과제에만 집중한다고 합니다. 책을 읽고 부자가 되려면 틈틈이 마련한 5분, 15분이 아니라 뭉텅이 시간이 반드시 필요합니다. 아무리 짧아도 1시간. 그래야 무슨 내용인지 진득하게 읽고 이해하고 내 것으로 만들 수 있답니다.

빌 게이츠와 일론 머스크는 회의시간을 분 단위로 잘게 쪼개고 제프 베이조스는 보고서를 서술형으로 작성하게 하여 회의시간을 줄인답니다. 이렇게 조각난 시간을 모아서 뭉텅이 시간으로 만들어 책을 읽는답니다. 책읽기로 부를 일구고 지키고 늘리는 부자들을 흉내 내기로 한 이상 우리도 그들처럼 뭉텅이 시간을 마련하여 책읽기에 할애해야 합니다.

에너지가 충만한 시간

몇 시에 읽느냐가 아니라 어느 시간대든 당신의 에너지가 가장 충만한 때를 책 읽는 시간으로 정해야 합니다. 심리학자인 로이 바우마이스터 교수는 의지력도 사용하면 할수록 고갈된다고 합니다. 의지력이 바닥난 상태에서는 아주 쉬워 보이는 과제도 종종 실패한다지요. 따라서 의지력에 의존하기보다는 좋은 습관을 만드는 게 중요하다고 조언합니다.

하루 중 쓸 수 있는 에너지는 총량이 정해져 있어 우리가 아침마다 보급받은 에너지는 하루 일과를 수행하는 동안 소진됩니다. 퇴근하여 집에 돌아오면 거의 기진맥진하지 않나요? 에너지가 소진된 상태에서 책을 읽으면 책 내용도 기억하기 힘듭니다. 핵심은 '특정 시간대에 읽어야 한다'가 아니라 당신에게 '에너지가 충만한 시간을 찾아 읽으라'는 것입니다. 부자들에게는 새벽 시간이 에너지가 가장 좋아 그때 주로 책을 읽는답니다. 당신은 한낮이나 한밤이라도 에너지가 최고라면 그때 읽어도 괜찮습니다. 하지만 새벽 책읽기가 주는 장점을 살펴보면 당신도 새벽에 읽는 것을 계획할 것 같네요.

자기 전 ➡ 자고 나서

부자들은 새벽에 책을 읽습니다. 하루 중 에너지가 가장 넘치는 시간이 새벽이라지요. 하루가 어떻게 전개될지 모르니 가장 중요한 것을 일찌감치 해버리는 겁니다. 트위터 창업자 잭 도시의 말을 들으면 부자들의 새벽 책읽기가 수긍되고도 남습니다.

> "책읽기로, 기분 좋은 상태로 하루를 시작하면 그날 무슨 일이 일어났든 얼마나 바빴든 성취감을 느끼게 된다."

부자되는 책읽기 1시간을 새로 만드는 김에 새로운 습관을 만들면 어떨까요? 자기 전 읽기에서 자고 나서 읽기로. 기왕이면 일상을 시작하기 전 이른 아침에 책을 읽는 것이 좋습니다. 새로 선물 받은 아주 신선한 시간을 책읽기에 할애하세요. 잘 자고 난 새벽 시간, 뇌는 충분히 쉬었고 재충전한 상태로 집중력과 이해력을 발휘하는 데 최고의 시간입니다. 하루 일과를 마친 저녁이나 밤 시간대는 뇌가 지쳐 그 기능을 발휘하기가 쉽지 않습니다.

책도 읽기 ➡ 책만 읽기

무라카미 하루키는 글쓰기 습관을 들일 때 이렇게 했다고 합니다.

"정해진 시간에 자리에 앉는다. 그 자리에서 정해진 시간 동안 정해진 일—글쓰기—을 한다. 글이 써지지 않으면 아무것도 하지 않고 그냥 앉아 있다."

당신도 하루키처럼 해보세요. 매일 정해진 시간에 정해진 곳에 앉아 책을 펼치세요. 책이 읽히지 않더라도 절대 다른 일을 해서는 안 됩니다. 그러다 보면 심심해서라도 책을 읽게 되거든요. 책을 읽기로 한 시간에는 오로지 책만 읽습니다. 노트 정리도 하지 않습니다. 책을 읽으며 떠오르는 생각은 여백에 메모합니다. 검색할 게 생겨도 메모만 해둡니다. 물론 스마트폰은 보이지 않는 곳에 치워두는 게 제일 좋습니다.

내가 부자되는
시간은 언제일까

부자되는 전략으로서 책읽기란 '부자되기'라는 목표달성을 위해 에너지와 시간과 일상을 책읽기에 맞춰 행하고 관리하는 것을 말합니다. 부자되는 책읽기라는 전략적 목표를 달성하는데 관건은 책읽기를 일상의 최우선 과업으로 인식하고, 일정에 넣고 관리하는가 여부입니다. 이것을 위해 어떤 일정은 버리고 또 어떤 일정은 조정하는 작업은 필수입니다. 재원을 확보하지 않고 일을 추진하는 것이 실패를 계획하는 일이듯 책 읽는 시간을 따로 마련하지 않으면서 책 읽고 부자되겠다고 벼르는 것은 단연코 실패하는 계획입니다.

책 읽는 시간은 부자되는 시간, 당신의 그 시간은 언제인가요? 아직 정해둔 시간이 없다면, 그런 시간으로 갈아탈 계획이라면 당신만의 골든타임을 위한 몇 가지 조언을 드립니다.

1단계 : 부자시간을 찾아라

다음 항목을 채우면서 당신의 골든타임을 만들어보세요.

가장 집중이 잘 되는 시간대는?	
집중이 잘 되는 이유는?	
매일 일정한가?	
몇 분이나 가능한가?	
책 읽고 부자되는 골든타임은?	매일　　시부터　　분 동안
골든타임을 위해 조정해야 할 것은?	
골든타임 때 집중하기 위한 대책은?	

2단계 : 부자시간을 만들어라

시간이 없으면 만들어 내세요. 찰리 멍거처럼 당신이 일하는 시간을 사거나 휴식시간의 일부를 사들이세요. 마이크로소프트에서 일할 당시, 빌 게이츠는 1년에 2주가량 책을 읽는 뭉텅이 시간을 마련했다고 합니다. 오지에 마련한 벙커에서 두문불출하며 책을 읽고 자료를 분석했다고 하죠. 떠오른 아이디어나 생각은 담당자들에게 보냄으로써 읽고 생각하고 아웃풋하는 과정을 거쳤다고 합니다.

당신도 빌 게이츠처럼 의식적으로 시간을 마련하세요. 매일 1시간씩 책 읽고 생각하는 시간을 워크숍으로 만드세요. 직장에 다닐 때, 나는 수요일이면 점심약속을 핑계로 혼자 베이커리카페로 갔습니다. 그렇게 훔쳐낸 1시간 동안 밀린 책을 읽었습니다. 지금도 나는 읽어야 할 책이 밀려 있으면 중요한 일을 하러 가는 양 스터디카페 같은 공간 서비스를 이용합니다. 공간 서비스는 시간 단위로 사용할 수 있는데다 혼자 그 공간에 있으면 달리 할 일이 없어 책을 읽게 됩니다. 또 긴 시간을 내서 무궁화호 열차를 탑니다. 그리고 가장 멀리 있는 역을 오가며 책을 읽습니다. 그렇게 한 번 책 읽는 여행을 다녀오면 두세 권은 거뜬히 읽습니다.

3단계 : 매일 같은 시간 같은 곳에서 책읽기

책은 어디서든 읽을 수 있지만 1시간 동안 집중하여 읽으려면 장소도 정해두어야 합니다. 매일 똑같은 시간에 같은 장소에서 읽으면 습관화가 빠릅니다. 그런데 출근길 오가는 동안, 점심 먹고 회사 휴게실에서, 침대에서, 거실 소파에서… 이렇게 장소가 분산되면 시간도 분산되어 집중력도 떨어지고 흩어진답니다. 전문가들은 스타벅스든 도서관이든 매일 같은 장소에서 책을 읽는 것이 가장 효과적이라고 조언합니다. 맥락이 섞이고 습관도 섞이면 집중하기 어렵기 때문이라네요. 이어령 박사는 자택 작업실에 여러 대의 컴퓨터를 설치하고 작업마다 다른 컴퓨터를 사용했다고 합니다. A 컴퓨터 앞에 앉으면 그곳에서 하던 작업이 저절로 활성화되었기 때문이라 합니다. 나도 안마의자에 앉아 미국 드라마 보는 습관이 들어 안마의자에서는 책을 읽기가 쉽지 않습니다. 어디에서 책을 읽든 부자되는 책읽기 전략을 위해 성소를 마련하면 좋겠습니다.

책읽기에 집중하는
규칙과 준비

'월급쟁이 부자되는 책읽기' 프로젝트에서 가장 어려운 과제를 꼽으라면 책읽기에 매일 1시간을 들이는 것이라고 할 수 있습니다. 물론 생산성이 가장 높은 시간대로 1시간을 따로 빼내는 것이 결코 쉽지는 않지만 이보다 더 어려운 것이 있습니다. 60분 내내 주의를 집중하여 책을 읽는 것입니다. 주의력은 이런저런 이유로 흩어져서 15분도 지속하기 힘들지요. 연구에 따르면 사람의 주의력은 8초마다 흐트러져 9초간 지속되는 금붕어보다 못한 집중력이라 하지요. 서너 줄의 짧은 단락 하나도 채 읽지 못하는 셈입니다. 서너 줄 한 단락 읽고 두세 번 흐름이 끊기면 깊은 이해는커녕 내용도 기억나지 않아 책읽기가 재미없어집니다.

규칙과 준비가 필요하다
어렵게 마련한 60분을 효과적으로 사용하려면 산만함을 다스리고 충동을 억제해야 합니다. 그러려면 약간의 규칙과 준비가 필요합니다. 가령 스마트폰 비행 모드로 전환하기, 1시간 동안 절대 의자에서 일어나지 않기와 같은 규칙을 마련하면 1시간 책읽기를 습관 들이는 데 유용합니다. 준비할 것도 있습니다. 읽을 책을 준비하는 것이 가장 중요하지요. 무슨 책을 읽을까? 찾다 보면 어정쩡하게 시간도 지날 테니까요. 갑자기 목이 마르다고 들락거리고, 급히 할 일이 생각나서 읽던 책을 덮다 보면 정작 책읽기에 투입하는 시간은 1시간이 안 됩니다. 이런 상황을 미연에 방지하기 위해 마실 물이나 음료, 메모지, 펜 등을 미리 갖추는 것이 좋습니다. 아래 표는 나의 경우를 예로 든 것입니다.

구분	예시
책 읽는 시간	일어나서 1시간
책 읽는 장소	주방 테이블
준비할 것	책, 메모지, 연필, 포스트잇, 타이머
책읽기 규칙	스마트폰은 다른 곳에 둘 것

나는 모태 새벽형 인간입니다. 매일 거의 같은 시간에 저절로 눈이 떠집니다. 아무리 늦어도 4시 이후에 깬 적이 없습니다. 전날 미리 챙겨둔 책을 읽고 하던 작업을 이어가기 위해 워드파일을 여는데 그

때는 나의 뇌가 최적인 상태입니다. 이렇게 4시간가량을 읽고 쓰고 생각하는 데 투입하면, 오전 8시경.

나는 이 아침 시간을 하루 최고의 시간이라는 의미를 담아 프라임타임이라 부릅니다. 프라임타임은 광고에서 가장 비싼 시간대를 말하는데요, 나의 프라임타임은 아침 8시까지여서 거르는 일이 없습니다. 그런데 나는 이 시간대를 위해 의지를 발휘하지 않는답니다. 그냥 하는 거죠. 시간이 되면 그냥 눈이 떠지고, 눈을 뜨면 책을 읽고, 책 읽고 뇌가 활성화되면 글을 쓰고… 따로 노력하거나 특별히 애쓰지 않는답니다. 매일 이렇게 하는 것이 가장 충만하고 기쁘기 때문입니다. 프라임타임이 끝날 즈음 배가 고프답니다. 새벽부터 머리를 썼으니 당연하지요. 컴퓨터를 끄고 작업실을 나옵니다. 이미 가장 소중한 일, 매일 해야 할 일을 끝낸 터라 마음이 가볍습니다. 오늘도 참 잘했습니다.

책읽기를
가시화하라

마샬 골드스미스는 '세계에서 가장 영향력 있는 비즈니스 사상가 15인'에 선정된 리더십 부문 세계 최고의 코치입니다. 그는 컨설팅 한 회에 2억8,000만 원을 받는다지요. 구글과 보잉, 글락소스미스클라인 등 세계적인 기업 120여 개의 CEO와 임원들이 그에게 리더십 컨설팅을 받는답니다. 그에게 코칭 받을 때 누구든 빠짐없이 듣는 말이 있답니다.

"의도한 변화를 이뤄내는 유일한 비법은 하던 대로 하는 관성의 족쇄를 끊어내는 것이다."

부자되는 전략으로서 책읽기의 가장 큰 방해물 또한 관성의 족쇄입니다. 마샬 골드스미스는 관성의 족쇄를 끊어버리고 변화를 도모하는 데 체크리스트를 활용하라 권합니다. 목표달성에 필요한 실행

계획을 만들어 매일 하나하나 체크하는 것은 매우 간단하지만 원하는 변화를 가져오는 데 아주 강력한 방식이라고 합니다. 읽은 척, 읽은 줄 아는 가짜 책읽기의 관성의 족쇄를 끊어버리고 부자되는 책읽기 습관을 들이는 데도 체크리스트를 통한 체크업이 가장 강력한 도우미랍니다.

체크리스트로 셀프 팔로업

1,600명 이상을 대상으로 연구한 자료에 따르면 식습관 일지를 매일 쓴 사람의 다이어트 성공률이 그렇지 않은 사람보다 두 배 더 높다고 합니다. 체크리스트를 통한 습관추적은 단순한 행동에 변화의 불씨를 제공하며 중도에 그만두지 않도록 돕는다는 것이 연구진이 밝힌 체크업 효과입니다.

목표를 세부적인 실행계획으로 쪼개 체크리스트를 만들고 매일 체크업하는 것이 너무 사소한 것이어서 무슨 도움이 될까 싶겠지만, 실제로 어마어마한 효과를 낸답니다. 매일 그날치 책읽기를 하고 체크리스트에 체크하면 '오늘도 해냈어!' 하는 성취감과 만족감을 안겨줍니다. 자신감도 더해져서 중도에 그만두는 일도 없습니다. 부자들처럼 책을 많이, 오래 읽는 것은 평생 지속해야 할 프로젝트입니다. 긴 여정에 체크리스트로 지속하는 힘을 북돋울 수 있습니다.

미션수행을 위한 당신만의 체크리스트를 만드세요. 그리고 매일 책읽기 미션을 수행하고 그날치 미션클리어(mission clear, 일 끝냈다)를 외치며 체크하세요. X자로 체크하다 보면 하루하루 강력한 체인이 만들어집니다. 체크리스트와 만다라트 차트를 눈에 잘 띄는 곳에 두고 체크업하며 당신의 부자되는 날을 앞당겨보세요.

그런데 어떤 행위가 습관으로 정착되는 데 얼마나 걸릴까요? 이 연구에 대한 결과는 다양한데 평균 66일이랍니다. 어떤 행위를 66일 동안 반복하면 몸에 배게 만들 수 있습니다. 부자연구가 톰 콜리도 부자되려면 66일 루틴을 만들라고 조언합니다.

습관을 루틴으로 만드는 체크리스트 만들기

책 읽고 부자되는 습관을 루틴으로 만들어 기를 쓰지 않아도, 애쓰지 않아도 저절로 되도록 당신에게 최적화된 프로젝트를 설계하세요. 그리고 체크리스트를 만들어 매일 체크하세요.

부자되는 책읽기 미션달성을 위한 체크리스트는 개인적인 기량과 수준, 목표에 맞춰 만들어야 수월합니다. 남이 만든 일반적이고 일방적인 계획은 당신에게 맞지 않아 애만 쓰고 실패하기 십상입니다. 당신의 조건에 맞는 당신만의 계획을 만드세요. 여기서는 누구나 도전해봄직한 샘플을 제시합니다.

먼저, 일주일을 평일 동안 매일 1시간 책읽기(5일)와 주말 이틀 아웃풋 행하기(2일)로 나눕니다. 아웃풋은 앞서 소개한 일곱 가지 가운데 T&D 정리하기, 리뷰 쓰기, 에세이 쓰기 세 가지를 선택합니다. 1시간 책읽기와 신문칼럼 따라 쓰기를 매일 목표로 정한 다음 아래 내용의 체크리스트를 만듭니다. 평일은 1시간 책읽기와 신문칼럼 따라 쓰기로 책 읽고 부자되는 5시간의 법칙을 준수합니다. 주말 이틀은 읽은 내용을 세 가지 방법인, 쓰고 말하고 행하는 것으로 '113 매직'을 완성합니다. 이 체크리스트는 4주로 1개월 치입니다.

월·부·책 프로젝트 113 매직 체크리스트

구분	1일 1시간 책읽기										아웃풋 3가지		
	읽기	따라쓰기	읽기	따라쓰기	읽기	따라쓰기	읽기	따라쓰기	읽기	따라쓰기	T&D	리뷰	에세이
1주차													
2주차													
3주차													
4주차													

서점에 가는 것만으로
얻을 수 있는 것들

부동산 투자자들에게 '임장'은 필수코스입니다. 투자를 고려하는 부동산 물건을 직접 가서 살피듯, 아이디어를 생명처럼 여기는 생각부자들도 수시로 임장을 갑니다. 생각부자들의 임장은 서점에 가는 것. 그들은 놀아도 서점에서 놉니다. 오프라인 서점에 가면 많은 책의 표지를 통해 다양한 정보수집이 가능합니다. 매대의 책들을 통해 지금 가장 핫한 주제가 무엇인지 탐색이 가능합니다. 출판사와 전문가들의 손을 거친 정제된 고급 콘텐츠를 통한 탐색이라 신뢰도도 보장됩니다.

책값은 가장 저렴한 성공비용

김봉진 회장은 책을 읽는다고 성공한 삶을 보장할 수 없지만 분명히 더 나은 삶을 살게 한다고 장담합니다. 그가 본격적으로 책을 읽기 시작한 것은 30대 중반이던 2008년. 가구사업 실패 후 실패한 이유를 찾다가 잘된 사람의 습관을 따라 해보기로 하면서부터입니다. 성공한 사람의 이야기를 다룬 책들을 들입다 팠는데 그들은 공통적으로 꾸준하고 책을 많이 읽더랍니다. 그때부터 김봉진 회장도 책을 꾸준히 읽기 시작했답니다. 그리고 자신에게 부족한 지적 이미지를 보완하기 위해 읽은 책을 페이스북에 공유하기 시작했는데 몇 년째 계속하다 보니 '다독가 김봉진'의 이미지가 만들어져 있더랍니다. 이렇게 목표를 이루는 과정에서 김봉진 회장도 여느 부자들처럼 책읽기에 목숨 걸게 되었답니다. 그는 아직도 많은 책을 사고 많이 읽는답니다.

김봉진 회장은 직원들에게도 책을 읽히고 싶어 사내 도서관을 열고 있답니다. 그리고 전 직원이 책 사느라 들인 비용은 묻지도 따지지도 않고 무한 지원한답니다. 원칙은 '오프라인 서점에서 구매해야 한다'는 것. 오프라인 서점으로 제한하는 것은 서점에서 책을 고르는 경험이 책읽기의 시작이라 믿기 때문이고, '제값을 내고 책을 사야 더 잘 읽는다'는 신념 때문이랍니다. 500여 명의 직원들이 1인당 월평균 12만 원을 책값으로 쓴답니다. 월평균 15,000원짜리 책 8권이나 읽는 셈이네요. 김봉진 회장은 이 돈을 비용이 아니라 투자라 생각한답니다. 그는 책을 통해 직원들의 생각이 깊어지면 회사도 함께 성장할 것이라 믿는답니다. 회사의 성장을 견인한다면 그 정도 투자는 소액 아닌가요?

디지털시대 웬 서점이냐고?

디지털시대, 클릭 몇 번이면 책이 집에까지 배송되는데 웬 오프라인 서점이냐고 묻고 싶은가요? 주위를 보면 디지털 기반의 비즈니스를 하는 사람일수록 오프라인 서점을 선호합니다. 디지털 기반 비즈니스는 아이디어 싸움이고 서점은 아이디어 자판기나 다름없음을 그들은 잘 압니다.

디지털트렌드 전문가 송길영 님은 인생의 중요한 일들을 서점에서 배운다고 합니다. 그는 서점을 욕망의 전시장이라 부르는데, 서점에 갈 때마다 언어로 표현되고 물성을 가진 책으로 변환된 사람들의 욕망을 만난다고 합니다. 서점에 가면 각 분야별로 사람들이 관심 갖는 주제를 파악할 수 있고 매대에 진열된 책을 보면서 사회의 변화를 느낄 수 있다고 합니다. 아이디어 개발로 먹고사는 이들은 베스트셀러를 보면서 그 이유를 찾는답니다.

"새로 맡은 프로젝트가 잘 풀리지 않으면 근처 서점에 가곤 했다. 서가 사이를 거닐며 여러 책을 일별하다 보면 '아!' 하는 순간이 찾아오는 거다. 책이 내 안의 무언가를 건드리거나 영감을 주는 순간이다. 책이 주는 귀한 선물이다!"

광고인 출신으로 지금은 책방을 운영하는 최인아 대표의 말입니다. 서점은 새로운 정보를 만나고 새로운 자극을 만나고 새로운 연결을 만나는 마법이 수시로 일어나는 곳입니다. 오프라인 서점은 무슨 책을 읽고 싶은지 모르는 사람에게 참 유용합니다. 그런 사람이 놀이 삼아 서점에 가면 이 책 저 책 건성으로 들여다보고 이 코너 저 코너 심드렁하게 살피다가 어느 순간 어느 책에 꽂히기 십상입니다. 서점에서 책을 살피며 자신도 모르고 있던 관심의 촉이 일깨워지기 때문입니다.

서점은 매 순간 살아 움직이는 생물

생각이 막혀 있거나 다른 생각, 새로운 생각이 필요할 때면 나는 서점에 갑니다. 그러면 변비처럼 끙끙대던 생각들이 뻥뻥뻥 터져나옵니다. 서점은 무생물인 책을 파는 곳이지만 나에게 서점은 매 순간 살아 움직이는 곳입니다. 나는 서점 임장에 따로 시간을 내지 않습니다. 오가는 길에 서점이 있으면 꼭 들릅니다. 어떨 땐 한 서점을 서너 날 매일 들르기도 합니다. 매일 같은 서점을 방문하는데도 보거나 느끼거나 생각하는 것은 매일 다릅니다. 그래서 나는 책쓰기 수업을 할 때 서점에 가서 책을 보라고 자주 권합니다. 인터넷 서점은 쉽고 빠르게 책을 찾고 책값까지 절약하는 이점이 있지만 오프라인 서점은 생각을 자극하고 아이디어를 만들어 내는 데 아주 큰 기여를 합니다. 당신도 이제부터는 일을 핑계로 서점에 가세요. 서점에서 놀아보세요. 서점마다 주인장의 취향에 따라 책을 진열하는 기준이나 권장도서가 제각각이라 서점을 여러 곳 임장하면 평소에 관심두지 않던 다양한 책들과도 만날 수 있습니다. 바로 거기에서 당신의 터닝포인트를 만나게 될지도 모르고요.

부자되는 책읽기, 아직도 어떻게 시작해야 할지 모르겠다면 일단 서점으로 가보세요. 당신의 인생을 가장 짧은 시간에 가장 위대하게 바꿔줄 마법을 만나세요.

인생의 모든 답은
책 속에 있다

"독서는 내 인생에서 가장 럭셔리한 것. 나를 행복하게 하는 인생의 럭셔리다."

— 칼 라거펠트

세계철학자대회는 1900년에 시작되어 5년마다 열리는 세계 최고 지성인의 잔치입니다. 우리나라에서도 2008년 서울에서 열렸지요. 터키에서 열린 2000년 대회, 거기에 모인 철학자들은 그동안 등장한 철학 명제 중 가장 심오한 것이 무엇인지 알아보기로 했습니다. 그리고 인류 역사상 가장 멋진 '문장 뽑기'를 했더니 단연 1등은 "마음이 가난한 사람은 행복하다"였습니다.

마음이 가난한 사람은 행복하다

마음이 가난한 사람은 행복하다? 자고 일어났더니 벼락거지 됐다는 수많은 이들의 염장 지르기 딱 좋은 문장입니다. 이 문장을 두고 해석이 분분한데요, 나는 13세기 독일의 신학자 마이스터 에크하르트의 풀이를 좋아합니다.

"마음이 가난한 사람은 아무것도 더 바라지 않고, 아무것도 더 알려고 하지 않으며, 아무것도 더 가지려고 하지 않는다. 욕망으로부터의 자유, 지식으로부터의 자유, 소유로부터의 자유, 신으로부터도 자유로운 사람만이 진정으로 마음이 가난한 사람이다."

당신이 꿈꾸는 부자가 바로 이러한 자유를 누리는 사람이 아닐는지요. 부자들처럼 책을 읽으면 가능하리라 한 경제적 자립, 자기결정권, 자아실현, 이 세 가지 소원을 충족한 상태가 마음이 가난한 사람의 자유 그대로입니다. 이런 자유를 책읽기로 누릴 수 있다니, 정말 대단하지 않은가요?

지금부터 한 권씩

애덤 스미스라는 필명으로 유명한 프린스턴 대학 조지 굿맨 교수가 워런 버핏을 만났답니다. 투자업계 입문자를 위해 한 말씀 해달라며 졸랐다지요. 워런 버핏은 망설임 없이 조언했답니다.

"내가 40년 전에 했던 그대로 하세요. 증권을 공개적으로 거래했던 미국 모든 상장 기업에 대해 공부를 시작하는 것입니다. 이렇게 얻은 지식의 저장고는 시간이 흐르면서 많은 도움을 줍니다."

그러자 난처해진 표정으로 애덤 스미스가 물었습니다.

"상장 기업이 2만7천 개나 되는데요…."

버핏 회장은 이렇게 말했답니다.

"그러면 A로 시작하는 회사부터 하면 되겠군요."

나보다 30년 늦게 태어난 아들이 이렇게 물은 적이 있습니다. 대학 새내기 시절, 교수들이 권한 교양도서를 통해 세상에 책이 참 많다는 것을 알게 된 무렵입니다.

"엄마보다 30년이나 늦게 읽기 시작한 나는 엄마처럼 읽으려면 30년이라는 갭을 어떻게 메우나요?"

나는 이렇게 말했습니다.

"지금부터 한 권씩 읽어야지."

세계적인 부자들이 고백하는
'내 삶을 바꾼 책' 60

세계적인 부를 일군, 자수성가 부자들이 공개한 '내 삶을 바꾼 책' 들입니다. 당신만의 '월급쟁이 부자되는 책읽기 프로젝트' 1차년도 읽기 목록에 넣으면 좋겠습니다. 국내에 출간된 책들 위주로 소개합니다.

1. 김범수 : 『디맨드』, 에이드리언 슬라이워츠키, 다산북스
2. 김범수 : 『습관의 힘』, 찰스 두히그, 갤리온
3. 김범수 : 『혁신은 천 개의 가닥으로 이어져 있다』, 론 애드너, 생각연구소
4. 김봉진 : 『논어의 말』, 나가오 다케시, 삼호미디어
5. 김봉진 : 『자유론』, 존 스튜어트 밀, 문예출판사
6. 김승호 : 『문 앞의 야만인들』, 브라이언 버로, 부키
7. 김승호 : 『절제의 성공학』, 미즈노 남보쿠, 바람
8. 래리 엘리슨 : 『맨먼스 미신』, 프레더릭 브룩스, 인사이트
9. 래리 엘리슨 : 『하이 아웃풋 매니지먼트』, 앤디 그로브, 청림출판
10. 레리 페이지 : 『파인만 씨 농담도 잘 하시네』, 리처드 파인만, 사이언스북스
11. 리드 헤이스팅스 : 『짐 콜린스의 경영전략』, 짐 콜린스, 위즈덤하우스

12. 리드 호프만 : 『손자병법』, 손자, 휴머니스트

13. 리드 호프만 : 『전쟁론』, 카알 폰 클라우제비츠, 갈무리

14. 리옌훙 : 『특이점이 온다』, 레이 커즈와일, 김영사

15. 마윈 : 『영웅문』, 김용, 김영사

16. 마이클 델 : 『하드씽』, 벤 호로위츠, 한국경제신문

17. 마이클 델 : 『현금의 재발견』, 윌리엄 손다이크, 마인드빌딩

18. 마이클 블룸버그 : 『원칙』, 레이 달리오, 한빛비즈

19. 마크 저커버그 : 『권력의 종말』, 모이제스 나임, 책읽는수요일

20. 마크 저커버그 : 『벨 연구소 이야기』, 존 거트너, 살림Biz

21. 마크 저커버그 : 『이성적 낙관주의자』, 매트 리들리, 김영사

22. 브라이언 트레이시 : 『생각하라 그리고 부자가 되어라』, 나폴레온 힐, 반니

23. 빌 게이츠 : 『경영의 모험』, 존 브룩스, 쌤앤파커스

24. 빌 게이츠 : 『빌 게이츠, 기후재앙을 피하는 법』, 빌 게이츠, 김영사

25. 빌 게이츠 : 『잭 웰치의 마지막 강의』, 잭 웰치·수지 웰치, 알프레드

26. 서정진 : 『곁에 두는 세계사』, 수요역사연구회, 석필

27. 세르게이 브린 : 『스노 크래시』, 닐 스티븐슨, 문학세계사

28. 손정의 : 『사업을 한다는 것』, 레이 크록, 센시오

29. 스티브 잡스 : 『1984』, 조지 오웰, 소담출판사

30. 스티브 잡스 : 『아틀라스』, 에인 랜드, 휴머니스트

31. 스티브 잡스 : 『요가난다, 영혼의 자서전』, 파라마한사 요가난다, 뜨란

32. 야나이 다다시 : 『당신은 뼛속까지 경영자인가』, 해럴드 제닌, 지식공간

33. 오프라 윈프리 : 『고요함이 들려주는 것들』, 마크 네포, 흐름출판

34. 오프라 윈프리 : 『부의 주인은 누구인가』, 비키 로빈, 도솔플러스

35. 워런 버핏 : 『투자의 미래』, 제러미 시겔, 청림출판

36. 워런 버핏 : 『현명한 투자자』, 벤저민 그레이엄, 국일증권경제연구소

37. 일론 머스크 : 『반지의 제왕』, J. R. R. 톨킨, 아르테

38. 일론 머스크 : 『슈퍼 인텔리전스』, 닉 보스트롬, 까치

39. 일론 머스크 : 『제로 투 원』, 피터 틸, 한국경제신문

40. 제프 베이조스 : 『남아 있는 나날』, 가즈오 이시구로, 민음사

41. 제프 베이조스 : 『성공하는 기업들의 8가지 습관』, 짐 콜린스, 김영사

42. 제프 베이조스 : 『하버드 인생학 특강』, 클레이튼 크리스텐슨, RHK

43. 짐 로저스 : 『현명한 투자자』, 벤저민 그레이엄, 국일증권경제연구소

44. 찰리 멍거 : 『설득의 심리학』, 로버트 치알디니, 21세기북스

45. 켈리 최 : 『부의 추월차선』, 엠제이 드마코, 토트

46. 켈리 최 : 『부자의 운』, 사이토 히토리, 다산북스

47. 켈리 최 : 『시크릿』, 론다 본, 살림Biz

48. 팀 페리스 : 『원칙』, 레이 달리오, 한빛비즈

49. JP 모건 : 『제3의 성공』, 아리아나 허핑턴, 김영사

50. 〈포브스〉 선정 20세기 마지막 20년 동안 가장 많이 읽힌 책 : 『초우량 기업의 조건』, 톰
    피터스, 더난출판

51. 〈포브스〉 선정 20세기 마지막 20년 동안 가장 많이 읽힌 책 : 『성공하는 기업들의 8가
    지 습관』, 짐 콜린스, 김영사

52. 〈포브스〉 선정 20세기 마지막 20년 동안 가장 많이 읽힌 책 : 『리엔지니어링 기업혁명』,
    마이클 해머, 스마트비즈니스

53. 〈포브스〉 선정 20세기 마지막 20년 동안 가장 많이 읽힌 책 : 『경쟁 우위』, 마이클 포
    터, 비즈니스랩

54. 〈포브스〉 선정 20세기 마지막 20년 동안 가장 많이 읽힌 책 : 『티핑 포인트』, 말콤 글래
    드웰, 김영사

55. 〈포브스〉 선정 20세기 마지막 20년 동안 가장 많이 읽힌 책 : 『성공하는 사람들의 7가
    지 습관』, 스티븐 코비, 김영사

56. 〈포브스〉 선정 20세기 마지막 20년 동안 가장 많이 읽힌 책 : 『성공기업의 딜레마』, 클
    레이튼 크리스텐슨, 모색

57. 〈포브스〉 선정 20세기 마지막 20년 동안 가장 많이 읽힌 책 : 『미래를 위한 경쟁』, 게리
    하멜, 네오넷코리아

58. 〈포브스〉 선정 20세기 마지막 20년 동안 가장 많이 읽힌 책 : 『좋은 기업을 넘어 위대한
    기업으로』, 짐 콜린스, 김영사

59. 스콧 갤러웨이 : 『불변의 법칙』, 모건 하우절, 서삼독

60. 송코치 : 『돈의 심리학』, 모건 하우절, 인플루엔셜